LES

LEÇONS DE L'HISTOIRE

ÉDOUARD DRIAULT

LES LEÇONS

DE

L'HISTOIRE

PARIS
LIBRAIRIE FÉLIX ALCAN
108, BOULEVARD SAINT-GERMAIN, VIᵉ

1921

A MES

ÉLÈVES ET JEUNES CAMARADES

DE L'ÉCOLE NORMALE SUPÉRIEURE DE SAINT-CLOUD

Je dédie ce livre qui leur doit beaucoup.

E. D.

LES LEÇONS DE L'HISTOIRE

CHAPITRE PREMIER

Les Enseignements Historiques de la Guerre

NÉCESSITÉ D'UNE DOCTRINE

A toute science il faut, non pas des dogmes, mais une doctrine, c'est-à-dire ce qui permet de connaître les lois de la recherche, qui en assurent la fécondité. Les théories de Lamarck, ou de Darwin, ou de Pasteur ont ouvert des champs immenses.

L'histoire s'éclaire-t-elle jusqu'ici d'une telle lumière? Elle a pour objet la vérité : *ne quid falsi audeat, ne quid veri non audeat historia*, disait Cicéron. Mais outre que la vérité historique est particulièrement difficile à atteindre, parmi les passions et les intérêts des témoins, la vérité est l'objet de toute science, et de telles formules ne suffisent pas à montrer la voie. Et le fait est que l'enseignement historique, en France comme ailleurs, demeure confondu dans l'incohérence.

Le mal est grand en France. Il faut d'abord le dénoncer.

Dans les écoles primaires, ou dans les établissements secondaires, la vérité est tronquée, non pas toujours de parti pris, par des tendances diverses ou contraires. Quelqu'un écrit ce qu'il appelle « l'histoire vraie ». L'est-elle plus que d'autres? Les uns ne veulent connaître et apprécier que la France d'avant 1789, et les autres que celle d'après, déformant le reste sous cet angle d'observation.

Il en est pour qui Jeanne d'Arc ne fut qu'une « cléricale », une illuminée, quoi qu'elle ait été brûlée par des tribunaux d'Eglise ; une hystérique, dira un maître de Sorbonne, quoique ses répliques à ses juges soient d'un si robuste bon sens, le bon sens naïf et hardi de nos paysans. Il en est qui ne voient en Louis XIV que l'auteur de la Révocation, ou de l'incendie du Palatinat, et qui jugent là-dessus tout son règne ; quant à Napoléon, conquérant insatiable et sanguinaire, il est anathème dans presque toutes les écoles de France : nos amis de l'étranger ne comprennent pas, qui voient en lui l'un des plus grands noms de l'histoire universelle.

Il en est d'autres pour qui la Révolution ne fut qu'une terreur rouge, et la République « une « magicienne scélérate » qu'il serait temps de poignarder et de jeter à la voirie.

Chez les uns et les autres même étroitesse d'esprit; les uns et les autres également blâmables, ils coupent l'histoire de la France en petits morceaux qu'ils se jettent à la face. Ils ne comprennent pas la France, ils ne l'aiment pas, puisqu'ils la mutilent pour la satisfaction de leurs passions.

Et voici que dans les derniers temps, à la veille de la guerre, par snobisme antimilitariste, ou internationaliste, on a condamné l'histoire-batailles et on a mis à sa place l'histoire-chaussures ou l'histoire-coiffures, car c'est souvent à cela que se ramène l'histoire-civilisation. La belle trouvaille ! Et comme la vérité s'y trouve respectée ! Ainsi il ne faudrait pas enseigner l'histoire de la Grande Guerre ; la Grande Guerre ne fait pas partie de l'histoire. Et chacun sait, en effet, qu'il se trouve des instituteurs ou des professeurs pour interdire, déjà, l'enseignement de cette histoire grandiose, si fertile en leçons.

La vérité historique se perdrait dans ces nuages asphyxiants de pacifisme internationaliste, dans le tumulte de ces passions déchaînées. A tous il faut rappeler que tout fait est sacré devant l'histoire, et qu'il ne faut pas répéter chaque jour, en France, le crime de la dépêche d'Ems : — Toute l'histoire, s'il vous plaît, et d'abord toute l'histoire de la France.

L'enseignement supérieur a plus de sérénité scientifique. On n'y instruit sans doute pas de ces procès de tendance. Est-ce à dire que tout y soit pour le mieux ?

Il a paru, après Michelet, après Renan, Taine et Sorel, que les historiens avaient abusé des synthèses, des généralisations hâtives, et elles furent sévèrement condamnées ; et il fut décrété que seule l'analyse critique serait permise ; l'histoire sera documentaire ou elle ne sera pas. Il faut aller aux sources, ne rien écrire avant d'avoir épuisé les sources, ne rien construire avant d'avoir réuni

un arsenal complet de fiches, puis n'exposer que
les faits de ces fiches et de ces documents, ne rien
interpréter, toute interprétation étant arbitraire,
et l'imagination n'étant que la folle du logis. On
eut donc de grosses thèses sur de petits sujets.
Eut-on beaucoup de chefs-d'œuvre ? Qui donc a
fait oublier Renan, ou Michelet ? N'arrive-t-il pas
qu'on les regrette ?

Certes il n'est pas dans notre pensée de médire
de la méthode scientifique, et sa vigoureuse discipline est salutaire ; elle assure les assises de l'histoire ; elle les fait inattaquables. Mais il ne faut
pas en rester aux matériaux. Le maçon n'est pas
l'architecte. Et, pour employer l'image courante, le
garçon de laboratoire n'est pas le professeur, qui
lui-même n'est pas toujours un maître. La vie du
passé n'est pas dans une compilation de fiches ;
il y faut le souffle de Prométhée, ou de Michelet.

Parce que l'entomologiste se plaît à considérer
les mœurs des insectes, des fourmis au pied du
grand chêne, il n'est pas interdit à d'autres de
considérer l'arbre, et la forêt, qui sont aussi vrais
que la fourmilière.

Il n'est pas interdit à l'enseignement supérieur
de considérer les faits de haut. Voici un point
particulier, mais d'intérêt général. L'agrégation
est un admirable examen; quelles qu'en soient les
dispositions matérielles, les épreuves en sont aussi
probantes que possible, — rappelons pourtant que
Sorel, Renan, Michelet n'étaient pas agrégés d'histoire. — Le jury en est composé de spécialistes,
archéologues, médiévistes, ou modernistes à qui
il arrive de spécialiser les épreuves, selon l'esprit

que nous avons défini, tout à l'heure, de sorte qu'après un brillant succès il arrive qu'un jeune agrégé en s'installant dans sa chaire doive d'abord apprendre ce qu'il va enseigner. Il y a quelques années les examens de l'agrégation portaient sur l'histoire générale ; mais c'était le temps des synthèses hâtives ; elles avaient du bon. On savait alors autre chose que des morceaux d'histoire. Il faudrait peut-être y revenir.

Et surtout les fiches, les documents notés sur fiches, même quand ils ont subi toutes les épreuves de la critique de textes, ne renferment pas l'âme de l'histoire. L'histoire est une science morale. Elle ne s'étudie pas avec un scalpel et un microscope. Parmi les faits de l'histoire de la France, avant ou après 1789, parmi les institutions et les batailles, il y a la France, il y a notre France, une image vivante et douloureuse et glorieuse, que nul n'a mieux vue, malgré ses erreurs, que le génie visionnaire de Michelet.

L'analyse n'y suffit pas, il y faut la synthèse ; la connaissance n'y suffit pas, il y faut la foi. Le photographe n'est pas un artiste. Le garçon de laboratoire n'est pas un maître. L'historien, dit Fénelon, n'est d'aucun temps ni d'aucun pays. Est-ce possible ? Admettons-le, sous réserve. Mais tous les temps, tous les pays, passés ou présents, ont leur vie, leur âme, encore un coup. La vie est-elle donc toute dans les documents ? N'est-elle pas faite plutôt de sentiments ? Et alors ne faut-il pas sentir pour faire revivre ?

L'histoire sera vivante ou elle ne sera pas.

DE LA SYNTHÈSE HISTORIQUE

Si l'on conçoit mal dans tous les ordres d'enseignement, comme dans l'opinion même, l'histoire de la France intégrale, si parmi les analyses et les partis pris on a perdu le sens de l'histoire nationale, a-t-on mieux conçu l'histoire générale ? N'est-elle pas aussi faite de pièces et de morceaux ?

Voici la grande *Histoire Générale* de Lavisse et Rambaud, dans toutes les bibliothèques : douze volumes dont le sectionnement est à peu près quelconque, 395-1095-1270-1492-1559-1613 ou 1648-1715-1788-1799-1815-1847-1870-1900. Et dans chaque volume, des auteurs divers, des chapitres de valeur inégale, aucune vue d'ensemble, rien qui caractérise les étapes de l'évolution politique et sociale. Il y a un effort supérieur de composition et de synthèse dans la *Cambridge Modern History* que dirigeait Lord Acton, quoique le sens général de l'histoire universelle n'y apparaisse pas avec une grande netteté : on est d'ailleurs pour cela moins bien placé en Angleterre qu'en France. Ces histoires générales ne sont que des collections d'histoires particulières.

Nous verrons ce que donnera la vaste publication annoncée par M. Henri Berr, directeur de la *Revue de Synthèse Historique*, sur l'*Évolution de l'Humanité*.

Il n'y a pas eu de véritable histoire générale depuis Bossuet et il semble qu'un pareil effort de synthèse ne puisse être entrepris que par un historien, et non par une équipe, dont les contributions sont forcément divergentes, parfois discordantes.

Le *Discours sur l'Histoire Universelle* est d'une admirable grandeur. Le grand orateur chrétien a cherché naturellement les raisons de l'évolution historique dans les vues de la Providence. L'intervention de la Providence suffit aux esprits religieux pour expliquer ce que la science la mieux documentée ne parvient pas à établir. Car il faut bien avouer que la science humaine a des limites, parce qu'elle est humaine. La philosophie de l'histoire a tenté, depuis, de faire descendre ce déterminisme du ciel sur la terre, en réservant la métaphysique de l'inconnaissable.

Montesquieu cherche les lois de l'évolution dans la nature de l'homme et dans l'influence des climats, Il aboutit de la sorte à des vérités particulières, quelques-unes solides.

Voltaire, moins ambitieux, a fait de l'*Essai sur les mœurs et l'esprit des nations,* un magistral tableau de l'espèce humaine où il y a toujours des leçons à prendre, au point de vue de l'objectivité, comme on dit, et de la large intelligence de ses diversités.

Il y annonçait la loi du progrès. Le mot est difficile à définir : pour lui garder toute son autorité, il faut l'enfermer rigoureusement dans le sens d'évolution. Car, que l'humanité évolue vers le mieux ou vers le pire, il est évident qu'elle évolue, qu'elle n'est pas aujourd'hui ce qu'elle était hier et dans le lointain des siècles écoulés, qu'elle ne vit pas maintenant comme elle vivait autrefois, et que c'est là justement ce qui la distingue du reste de l'animalité. Il est certain qu'elle ne progresse pas toujours vers un degré supérieur, et l'histoire y constate de sensibles régressions, et nous gardons prudemment ici l'explication du *Dictionnaire de l'Académie,* « toute sorte d'avancement, d'augmentation en bien ou en mal. »

Il appartient à l'histoire, — peut-être est-ce son objet essentiel, — de déterminer les lois, c'est-à-dire les lignes générales de cette évolution constante. Il ne lui appartient pas d'y chercher des règles de conduite pour les individus ni pour les peuples. Elle est sur un terrain scientifique solide si elle se tient à la constatation et à l'enchaînement des faits acquis, incontestables. L'enchaînement, tout est là ; car il n'y a pas de science des faits isolés, particuliers, qui peuvent n'être que des accidents; il n'y a de science que des faits généraux.

Pour réagir contre le morcellement, l'incohérence, où se débat notre histoire nationale, comme l'histoire générale, nous voulons enchaîner les grands faits de l'évolution humaine. Nous y avons déjà essayé par une *Histoire de la Civilisation,* où nous avons voulu refaire le faisceau de l'histoire-batailles et de l'histoire-institutions, qui sont inséparables. Nous voulons maintenant retrouver les grandes lignes où s'élabore d'âge en âge, si péniblement, la construction de la Cité humaine. Dans la confusion un peu chaotique du temps que nous vivons, il importe même à la politique générale, de distinguer les fils conducteurs, d'apporter de la lumière. Beaucoup de nos contemporains se posent cette double question : Où en sommes-nous? Où allons-nous? — Il faut y répondre.

LES LOIS DE L'ÉVOLUTION HISTORIQUE

Les premières lois de la Cité humaine se sont fondées dans la région de la Méditerranée. D'autres sociétés ont eu leurs lois en Amérique, ou en Afrique, ou en Extrême-Orient ; mais ces institutions, parfois remarquables, leur sont restées particulières, du moins jusqu'à présent, et ne se sont pas imposées par propagande universelle, et c'est la civilisation méditerranéenne qui est devenue la civilisation humaine.

Pourquoi ? Pourquoi les grandes religions monothéistes, de Moïse, de Jésus, de Mahomet, sont-elles nées sur le même point de la terre? Il y a sans doute à cela des raisons scientifiques ; mais suffiraient-elles à l'explication ? Pour l'instant, nous constatons seulement le fait.

C'est aussi dans ce Levant merveilleux qu'est née la liberté. Après de longs siècles préhistoriques, dont l'histoire pénètre de jour en jour le secret, civilisation minoenne, ou égéenne, ou mycénienne, dont les musées d'Athènes révèlent l'éclat, la Grèce organisa la première les institutions de la liberté. Elle conçut la cité, société de citoyens libres, les magistrats élus par leurs concitoyens, la loi expression de la volonté de tous. M. Alfred Croiset a écrit un très beau livre sur les *Démocraties antiques* ; il a dit en des termes décisifs toute leur valeur d'éducation civique. Alors, c'était au lendemain de la victoire de Salamine, sous l'inspiration de Pallas Athéné, la déesse de la raison, les contemporains de Périclès et de

Phidias élevèrent sur l'Acropole les plus parfaits chefs-d'œuvre de l'art humain. « O démocratie ! s'écrie Renan, apprends-nous à extraire le diamant des foules impures ! »

Il faut en effet garder l'étude de la cité antique, et particulièrement l'étude du siècle de Périclès et de ses institutions politiques, à la base de tout notre enseignement historique, Ce sont les racines de la cité moderne ; il faut les cultiver et en tirer tout le fruit même dans l'enseignement primaire. L'histoire est un trésor d'expérience ; l'histoire de demain dépend naturellement de l'histoire d'hier ; l'histoire par l'histoire. Il ne faut pas abandonner l'avenir aux improvisations qu'inspirent les circonstances ; toutes improvisations sont éphémères. Il faut garder le contact avec les faits acquis, avec les réalisations probantes, reconstituer la chaîne de l'histoire universelle.

Il est reconnu, même aujourd'hui, même par les ingénieurs et les plus éminents disciples des sciences exactes, que les humanités classiques sont la condition de toute éducation libérale et le meilleur instrument de la recherche scientifique. Ajoutons qu'elles sont la vraie sauvegarde contre les inventions philosophiques dont l'Allemagne a pensé empoisonner le monde.

Mais Athènes ne sut pas organiser les cités en Etat ; elle n'avait pas la notion de l'autorité. C'est Rome qui fonda l'Empire, qui ordonna les pays de la Méditerranée dans le régime de l'exploitation fructueuse.

L'ordre romain fut, lui aussi, d'origine démocratique, et le droit qui demeure la plus remarquable contribution de Rome à l'élaboration de la civilisation humaine, a pour principe la loi des Douze Tables, expression de la volonté populaire. Et l'Empire, avec César et Auguste, s'établit sur la destruction des privilèges de l'aristocratie sénatoriale. Et l'édit de Caracalla, en 212, donna le droit de cité romaine à tous les habitants libres de l'Empire. Et les provinces fournirent, les unes après les autres, à l'Empire, ses dynasties régnantes.

Le monde, c'est-à dire le monde historique, connut, sous ce régime impérial, des siècles de paix et de prospérité magnifique. Tous les pays de la Méditerranée en ont conservé des traces admirables ; de la Mésopotamie à l'Océan Atlantique, des confins du désert libyque au Rhin et au Danube, en avant de la forêt germanique, des ruines grandioses de toutes sortes, temples, thermes, aqueducs, colonnes, arcs de triomphe, attestent la paix romaine, et l'horrible catastrophe des invasions barbares qui les a mis dans l'état où nous les considérons.

Cependant Jésus et ses apôtres annonçaient la bonne nouvelle de la fraternité chrétienne. En dehors de la liberté civique et de l'ordre politique, ils ouvraient l'immense domaine de la conscience et faisaient de l'homme une personne morale dont la valeur et l'action échappent aux lois et à l'autorité de la cité ou de l'Etat. L'esclavage, la pitoyable misère de la société antique, y succombait aussitôt, tous les hommes étant égaux devant Dieu et dans les églises et dans la vie éternelle.

Il restait à faire descendre la doctrine évangélique du ciel sur la terre : c'est à quoi se sont employés depuis les hommes de bonne volonté.

Liberté dans la cité, égalité dans l'ordre, fraternité civique et humaine, y a-t-il d'autres lois pour organiser l'univers ? Ce ne sont pas les enseignements de la science allemande d'hier, mais ce sont ceux de la civilisation méditerranéenne ; ce sont les conditions de toute civilisation.

Mais, continuons la recherche de ces grandes lignes de l'histoire des hommes.

Les invasions barbares ont gardé un nom qui suffit à les caractériser. Elles furent horriblement destructrices. Il y avait des siècles que dans le monde romain on travaillait à exploiter le mieux possible la terre et à élever les monuments de la paix. Voyez-en partout les ruines : elles sont l'œuvre des Huns d'Attila et des tribus germaniques, les Goths et les Vandales.

La société romaine et gallo-romaine était corrompue, malgré l'effort du christianisme. Les invasions germaniques y apportèrent un sang nouveau, y introduisirent de siècle en siècle des populations plus rudes et plus grossières. Mais, malgré l'admiration que ces peuples jeunes conçurent ensuite pour le bel ordre romain, ils gardèrent longtemps le respect de l'autorité, le culte de la force. Les Allemands d'aujourd'hui ne l'ont pas perdu encore ; ils aiment à célébrer les gestes formidables du marteau de Thor, et ils se vantent de la joie qu'ils ont à détruire, *Schadenfreude*. Ils n'ont guère connu jusqu'ici que le droit du poing.

Voilà pourquoi nous sommes si longtemps et nous avons tant de peine à restaurer les institutions de la civilisation, le droit et la liberté. L'organisation politique essentielle qui a régi l'Europe depuis les invasions, ce fut le Saint-Empire Germanique dont nous retrouvons les traits dans la Sainte-Alliance et dans les ambitions de Guillaume II : sur quel autre droit que celui de la force la science allemande appuyait-elle hier ses prétentions ?

Cependant l'humanité se relevait peu à peu de ce désastre. La France, toute pénétrée d'éducation romaine au temps de la Gallia, retrouvait les maximes du droit public ; les légistes de la royauté se mettaient à l'étude du Code romain, et de siècle en siècle, laborieusement, constamment, ils reconstituaient les lois de l'Etat démocratique qui s'exprimèrent enfin dans les décrets de la Révolution et dans l'œuvre de Napoléon.

Cependant aussi la société cultivée, de plus en plus étendue, reprenait la leçon des humanités classiques, l'immortelle leçon de liberté et de beauté. Lorsqu'elle les retrouva au XVIᵉ siècle, elle s'y précipita follement, elle s'en enivra d'abord, dans un prodigieux tumulte de passions étourdissantes. Puis elle en rechercha la substantifique moelle, et Descartes proclama le règne de la raison, affirma, sauf le respect des institutions établies, les droits de la pensée libre.

Dès lors toute voie était ouverte à la renaissance des libertés politiques et religieuses. Voltaire, Montesquieu, Rousseau, portèrent des coups mortels au droit divin des rois et à l'autorité de l'Eglise. Les collèges, même ou surtout ceux des Jésuites, portèrent au plus haut degré le culte

des humanités gréco-latines, et formèrent la génération des orateurs et des hommes d'Etat de la
Révolution et de l'Empire. L'esprit classique était
reconstitué, et les monuments de Paris, eux-
mêmes, comme l'Arc de Triomphe, en représen-
taient l'image, encore informe, expressive déjà, et
instructive.

Les libertés nouvelles nées de cette lente éducation, libertés individuelles et politiques, égalité,
souveraineté du peuple, étaient désormais procla-
mées comme les principes de la Cité moderne,
reconstitution, dans un plus vaste cadre, de la
cité antique. Mais leurs efforts de réalisation
furent longtemps indisciplinés, et le siècle dernier s'agita dans les incohérences de l'empirisme
politique et social. L'ancien régime de l'autorité
se défendit violemment contre l'esprit nouveau de
la Révolution d'émancipation et les peuples libres
souvent se débattirent dans l'anarchie et l'impuissance.

Là-dessus se posèrent avec une acuité particulière les questions économiques. La question sociale
n'est pas nouvelle, elle est vieille comme le monde.
Mais le machinisme et la grande industrie lui donnèrent aussitôt une gravité exceptionnelle ; en
France, en Allemagne, en Russie, en Amérique,
elle suscita des solutions diverses et d'inspirations
contradictoires. Elle contribua à compliquer et à
fausser les questions politiques. A la veille de la
grande guerre, la confusion était universelle et
favorable aux entreprises de violence.

Dans ce désarroi l'Allemagne apporta ses prétentions doctrinaires. Héritière du Saint-Empire

Romain Germanique, elle voulut organiser le monde sous sa loi.

Elle faillit vaincre, parce qu'elle n'avait devant elle rien de consistant.

La Grande Guerre a produit, dans le péril mortel qui menaçait la civilisation, de belles improvisations de liberté. Il faut maintenant les organiser pour sauver l'avenir. Il faut que chacun de nous y apporte sa contribution.

LES LEÇONS DE LA GUERRE

Nous trouverons tous un grand secours dans les leçons de la guerre. Car dans l'anarchie intellectuelle, politique et sociale où le monde s'agitait, elle a apporté des lumières précieuses.

A nous autres Français, à nos amis comme à nos ennémis, elle nous a révélé notre valeur que nous nous amusions à dénigrer nous-mêmes. Nous étions en apparence divisés en partis, en classes ; elle a prouvé la vérité et la vertu de notre unité nationale ; elle l'a achevée, lui a donné une sorte de perfection, dont les raisons sont anciennes et profondes. A l'histoire de les rechercher, de les retrouver, puisqu'elles ont été si efficaces.

A tous les belligérants de l'Entente, qui fut quasi-universelle, elle a révélé la vérité de l'ambition pangermaniste qui s'était cachée, jusque-là, sous les apparences de la science, surtout de la science économique et sociale. A la lumière de la grande guerre, nous avons appris à connaître l'Allemagne. A l'histoire de s'en éclairer.

L'humanité apparaît comme disputée par deux traditions contraires, aussi vieilles l'une que l'autre, puisqu'elles remontent au moins à la bataille de Salamine, la tradition de l'autorité fondée sur la force, et la tradition de la liberté qui est par nature moins fortement organisée.

L'avenir est à la liberté, si elle sait se discipliner. A l'histoire de lui rappeler les leçons de l'expérience. On voit qu'elles importent à tous les degrés de l'éducation.

CHAPITRE II

Les Origines de l'Unité Française
La Gallia

L'UNITÉ DE L'HISTOIRE DE FRANCE

La nature ne procède pas par sauts. C'est une loi physique, et morale sans doute, qui vaut pour les peuples comme pour les individus, plus encore pour les peuples.

Georges Cuvier avait étudié les *Révolutions du Globe* et établi que la terre avait pris ses caractères actuels à travers une série de catastrophes qui en coupaient l'histoire géologique en tranches violemment partagées. Cette hypothèse n'est plus admise avec une telle rigueur. Sans doute, il y a eu des catastrophes volcaniques ; nous en avons eu de notre temps, à la Montagne Pelée ou à San Francisco ou à Messine ; mais elles n'ont pas affecté l'ensemble et ne suffisent pas à expliquer les modifications essentielles survenues à la surface du globe.

Et la doctrine de l'évolution, si remarquablement proposée par Lamarck, donne plus de satisfaction et explique mieux les phénomènes de la nature. La terre s'est faite et se fait de lentes sédimentations plus que de bouleversements qui ne sont qu'accidentels et locaux.

De même sorte, tous les êtres évoluent doucement selon le milieu, selon les circonstances, et la vie des nations n'échappe pas à cette loi générale. Leurs transformations politiques et sociales, les plus durables, se produisent insensiblement, constamment. Que s'il s'y manifeste des mouvements brusques, des transgressions comme on dit en géologie, ou des révolutions, il leur arrive d'être suivies de régressions, de réactions qui en effacent ou en réduisent considérablement les résultats.

On ne trouvera la vérité historique qu'à la lumière de la doctrine de l'évolution.

Le défaut capital de l'enseignement de l'histoire de France jusqu'à ces dernières années, est d'avoir été fait de pièces et de morceaux, dont la connaissance décousue exaspère et surmène inutilement la mémoire, et produit dans les cerveaux des enfants et des adultes un incohérent chaos d'ignorances et de préjugés.

Surtout on a coupé l'histoire de la France en deux grands morceaux, de part et d'autre de la Révolution de 1789 : avant, les ténèbres du despotisme ; après, les éblouissements de la liberté, pour les uns ; — pour les autres avant, le bel ordre de la tradition nationale; après, les fureurs de l'anarchie. Deux Frances, en vérité. N'y a-t-il pas encore « deux jeunesses », selon l'expression d'un illustre orateur de la République ? Deux jeunesses, en effet, dont notre régime scolaire entretient la rivalité, sous prétexte de liberté. Mais la liberté n'est pas là, et il faudrait aussi songer aux nécessités vitales de l'unité nationale.

Nous voudrions renverser cette barricade.

La Révolution de 1789 est sans doute une grande date ; mais si exceptionnelle qu'elle soit, elle ne fut qu'un moment de l'évolution, et ses origines remontent au fond des siècles du passé comme ses conséquences traverseront les siècles de l'avenir.

Ses principes ne furent pas une manifestation spontanée, soudaine, de l'esprit philosophique ; ils n'auraient pas eu une telle fortune.

La souveraineté nationale ? Elle était au fond de l'éducation que toute la société cultivée recevait des humanités classiques. Elle était, inconsciemment ou non, dans la mentalité de l'élite. Si elle n'avait été qu'une invention de Rousseau, croit-on qu'elle se fût imposée au monde ?

La liberté ? — Mais pour les mêmes raisons générales, il y avait depuis des siècles en France des libertés provinciales, des libertés communales, qui s'étaient peu à peu gonflées sous la couverture de l'autorité royale pour la faire éclater : on sait maintenant dans quel réseau de traditions locales l'absolutisme se trouvait contenu, et que la France s'était de tout temps donné une éducation de liberté.

L'égalité ? — Mais elle exprimait depuis toujours la politique de la royauté. Sans rappeler les têtes de pavots que le duc d'Albe abattait avec sa canne sous les yeux de Catherine de Médicis, sans forcer la signification symbolique de la hache de Louis XI ou de celle de Richelieu, il apparaît que presque toujours, presque jusqu'au dernier jour, la royauté française a été niveleuse. Elle a abaissé tant qu'elle a pu le clergé et la noblesse pour les réduire à son service. Elle a confié de bonne heure le gouvernement à la bourgeoisie ; elle a favorisé de diverses manières l'émancipation du paysan et son accès à la propriété rurale.

Quand elle s'aperçut qu'en diminuant les privilèges de la noblesse et du clergé, elle avait sapé elle-même les fondements de son droit divin, et qu'effrayée du danger qu'elle courait à son tour, elle voulut réagir, il était trop tard : elle succomba pour n'avoir pas compris le sens de l'évolution qu'elle avait elle-même dirigée.

D'ailleurs dans le fond de la mentalité et de l'éducation française, il y avait toujours le sentiment chrétien de la fraternité — tous les hommes égaux devant Dieu, distingués seulement au jour du jugement selon leurs mérites, — et l'enseignement démocratique entretenu à travers les siècles par les leçons du Forum ou de l'Agora.

Il n'est pas nécessaire de démontrer qu'après la Révolution de 1789, les principes démocratiques préparés dans tout le passé n'ont pas cessé de produire leurs fruits et d'achever la solidarité des générations successives.

Non, il n'y a pas deux Frances.

La France est un être physique et moral dont l'histoire, dont la vie a une unité naturelle. Il faut, dès le début et tout au long de l'enseignement historique, en avoir la conception profonde si l'on veut en comprendre l'évolution. L'histoire n'a rien de plus nécessaire à faire, elle n'a pas d'autre loi, que de reconstituer dans toute sa vérité et toute sa beauté cette admirable figure, la plus grande qu'il y ait au monde.

LA CONDITION GÉNÉRALE DE LA GAULE

La croissance de la France, et les accidents qui l'ont marquée, sont dus sans doute aux circonstances qui se sont produites autour d'elle, en dehors d'elle, mais d'abord à ses conditions naturelles et à ses qualités particulières.

A son milieu : elle a des côtes sur la Méditerranée, sur l'Océan Atlantique, jusque sur la mer du Nord ; elle a ses frontières sur les Pyrénées, sur les Alpes, sur le Rhin. Cela lui ouvre des horizons, et lui permet des attirances, quelques-unes lointaines. Toute son histoire en dépend.

A son climat : c'est le moment de rappeler la théorie de Montesquieu. Elle est traversée à peu près en son centre par le 45° de latitude Nord, c'est-à-dire qu'elle est, d'une manière générale, dans la zone tempérée. Elle a une grande variété et une grande harmonie de climats, de la Méditerranée à la mer du Nord, de la côte d'azur aux brumes flamandes, des doux rivages de l'Océan aux rudes plateaux de la Lorraine et du Jura.

A son sol : la terre de France est riche, mais à condition qu'on y travaille. Elle produit peu sans des soins assidus. Il y a des cieux plus cléments, des plaines plus grasses et plus chaudes, des montagnes plus riches en minerais plus précieux ; mais nul pays au monde n'offre plus d'agréments de toutes saisons, pourvu qu'on les prépare par le travail ; ce fut toujours et c'est aujourd'hui plus que jamais la « douce France », jadis le plus beau royaume sous le ciel, demain peut-être ou dès maintenant la plus belle République.

Elle a de si heureuses ressources qu'elle peut se suffire à elle-même, et que, s'il le fallait, elle pourrait se passer de toutes provisions étrangères. Elle a des prairies et des forêts ; elle a des vignes et des champs de blé. Au moment où j'écris, toute la France, à perte de vue, même vers les pays dévastés par l'invasion barbare, est comme une immense mer de moissons aux lourds épis.

Et de nos jours, depuis que le monde a commencé d'entrer dans l'âge industriel, elle a trouvé dans son propre domaine les ressources minières indispensables ; elle a du charbon ; elle en aurait au moins autant qu'il lui en faut si elle avait ses frontières naturelles ; elle a les plus abondantes mines de fer de l'Europe ; elle tirera de ses montagnes une incalculable force motrice électrique.

Ses richesses en vérité sont illimitées pourvu qu'elles soient exploitées par un constant travail.

Le travail est, comme il fut toujours, la loi et l'orgueil de la France.

A sa race surtout, fille de ce sol et de ce climat, la France doit d'être ce qu'elle est. Race vaillante et fière, et surtout laborieuse entre toutes. Depuis plus de vingt siècles, elle a couvert et elle couvre le monde de ses entreprises. Dès les origines, on trouve déjà les Gaulois en Bavière, en Bohême, jusqu'en Asie-Mineure.

Au reste c'est aux Gaulois que la race française

doit le meilleur de ce qu'elle est; elle ne l'a pas oublié : c'est toujours le coq gaulois qui chante ses victoires, et l'alouette gauloise qui symbolise ses droites envolées dans le bleu de l'idéal. Et chaque hiver, au temps de Noël, comme au temps des druides, c'est toujours le gui de ses chênes qui lui annonce le renouveau et lui promet l'immortalité.

Il ne faut pas craindre d'apprendre et d'expliquer ces mythes à nos enfants, ils enracinent l'histoire, ils nouent le lien étroit des générations. Superstitions ? Non pas, légendes gracieuses, symboles expressifs, comme ceux de la Grèce antique qui ont traversé les siècles. Ils contribuent à donner aux nations quelques-uns de leurs propres caractères ; ils leur gardent leur originalité savoureuse. Nous voudrions qu'on cultivât et qu'on recueillît ces vieux mythes de nos campagnes, qu'on reconstituât chez nous comme ailleurs ce folk-lore où se gardent les plus anciennes traditions de la race. Nous invitons nos instituteurs à les rechercher ; il n'y a pas de meilleure préparation ou introduction aux études d'histoire locale où nous viendrons tout à l'heure. Nous concevons un recueil où l'on retrouverait ces premières manifestations de l'âme gauloise, puisqu'elles aussi, elles ont traversé les siècles, et que nous les sentons encore palpiter au fond de nous-mêmes, dans cet inconscient collectif que l'éducation n'efface heureusement jamais ; tous ceux qui nous lisent les sentiront se ranimer au premier appel ; comme il est émouvant de se replonger en ces mystérieuses origines de **notre génie** !

Leur souvenir, leur action sur notre mentalité, a résisté à toutes les influences extérieures. Et pourtant, nul pays n'a reçu plus d'apports étrangers, étant ouvert de tous côtés.

Nous avons reçu de la Grèce un apport plus important qu'on ne le croit. Il se présenta six cents ans avant Jésus-Christ, sous les plus gracieux auspices; Gyptis, la fille du roi des Segobriges, présenta la coupe des fiançailles à Euxène, le chef des marchands venus de Phocée, et c'est ainsi que naquit Marseille, qui ne cessa jamais d'avoir les plus actives relations avec l'Orient, avec les pays grecs. Tout d'abord l'influence de Marseille ne fut pas considérable sur l'arrière-pays gaulois. Mais les Croisades devaient renouveler plus tard la connaissance des régions du Levant, et la Renaissance remettre la France à l'école de la Grèce. Dès les premiers siècles, la Gaule romaine s'offrit quelques enfantines imitations de l'art grec, la Maison Carrée à Nîmes, ou le temple de Livie et d'Auguste à Vienne; car elle ne le connaissait que par l'intermédiaire de Rome qui l'interprétait assez lourdement. La Renaissance enfonça beaucoup plus profondément les leçons de la Grèce dans l'éducation de la France ; tout de même qu'on n'imagine pas en général le nombre considérable de racines grecques qui se trouvent dans notre vocabulaire, on n'a pas non plus toujours une conscience très nette de l'influence que les humanités grecques ont exercée sur la formation de la France moderne : qui sait même si elle ne fut pas plus grande que celle de Rome ? Beau sujet de méditation.

Il est vrai que les apports latins sont beaucoup plus manifestes, et ont été dans l'ensemble de notre histoire plus efficaces. La race française compte peu d'éléments latins, sauf dans le Midi provençal et dans l'ancienne Narbonnaise. Mais l'éducation française fut latine, la langue française fut une langue latine, la langue, où s'exprime toute civilisation, par où se nouent de siècle en siècle avec l'Italie des liens de plus en plus étroits, par où s'affirme la beauté supérieure de la civilisation méditerranéenne. Les incidents de la politique n'y peuvent rien changer d'essentiel : c'est une des grandes lois de l'histoire, peut-être sa loi fondamentale.

LA PAX ROMANA

Ainsi la Gallia fut la première image de la France organisée.

Elle tenait son cadre de la nature autant que de la nécessité militaire. C'était le cadre rhénan, « le fossé du Rhin, comme disait Cicéron, obstacle aux plus monstrueuses des nations ».

Observons ici la persistance de certains phénomènes d'histoire : nos soldats aujourd'hui, à côté de ceux de la Belgique, de l'Angleterre et des Etats-Unis, sont installés à la garde du Rhin ; ils occupent les têtes de pont de Cologne, de Coblence, de Mayence. Ce sont justement les têtes de pont qu'occupaient les légions gallo-romaines : Colonia Agrippinensis, Confluentes, Moguntiacum, et le *limes romanus* constituait une ligne défensive de Moguntiacum à Regina Castra (Ratisbonne). Il y a là des lois historiques et physiques auxquelles l'expérience des siècles donne tout leur poids.

Le cadre rhénan fut la garantie de l'ordre, donc du travail et de la prospérité.

Ce fut l'ordre romain, l'ordre impérial ; il laissa quelques libertés municipales aux cités, et l'Assemblée des Gaules à Lyon eut une sorte de conscience nationale. Et l'Empire romain était d'origine démocratique, et l'édit de Caracalla en 212 ouvrit la cité romaine à tous les sujets de l'Empire, et la loi romaine était, en son essence, la volonté du peuple, qu'elle vînt des Douze Tables ou des édits des préteurs, ou des ordonnances impériales, et la Gaule romaine eut ses empereurs.

Elle acquit ainsi, pour la première fois, la notion de l'Etat ordonné, de l'Empire divisé en provinces, en diocèses, en préfectures. Mais ce ne fut pas une discipline spontanée, volontaire, née de la liberté ; la Gallia resta une province de Rome, d'ailleurs la plus remarquable ; elle fut un reflet de Rome ; elle demeura en tutelle, à l'école de Rome. Elle en garda les leçons.

Elle se souvint surtout qu'elle devait à l'ordre romain *cinq cents ans de sécurité et de prospérité* : cinq siècles, cela compte dans la vie d'un peuple, et ne s'oublie pas ; cela demeure comme un âge d'or où l'on voudrait revenir. Ce fut l'âge de la Paix Romaine, de la *Pax Romana : Pax,* nous avions écrit partout ce mot sur les écussons décoratifs de notre Exposition universelle de 1900. *Pax et Labor,* la grande loi et le rêve constant de l'humanité. Hélas ! il y fallut encore des torrents de sang. Quand le monde va-t-il donc s'organiser enfin dans la paix laborieuse, qui est la raison de vivre pour les peuples et pour les individus ? Travaillons du moins, et écoutons la voix du passé.

M. Camille Jullian a élevé un magnifique monument d'histoire à la Gaule Romaine.

Ses ressources naturelles lui assurèrent une merveilleuse prospérité agricole. Les « romanistes » y recherchent les origines du régime féodal que les « germanistes » expliquaient d'autre manière ; il y a sans doute chez les uns et chez les autres une part de vérité variable selon les régions de l'Europe ou de la Gaule. Elle, du moins, ne fut pas malheureuse alors ; sa population s'accrut par la multiplication des fruits de son sol. Elle commença de se livrer à l'industrie, au travail du fer, du cuivre, de la poterie. Les villes descendirent des collines où elles étaient retranchées au bord des rivières qui incitent aux relations pacifiques. La Gaule entière se couvrit de voies larges et droites, comme elle se couvre aujourd'hui de chemins de fer.

Il faut étudier tout cela avec plus de soin qu'on ne l'a fait jusqu'ici dans nos écoles. *Histoire locale*, qui a comme toujours un intérêt d'histoire générale. Il y a par toute la France des restes, qui sont des signes de cette remarquable prospérité. La plupart des constructions gallo-romaines ont disparu, et nous ne pouvons qu'avec les livres reconstituer les villas, petites ou grandes, des exploitations agricoles : l'étude en est singulièrement instructive, il faut y regarder de près.

Presque partout, surtout dans le midi de la France naturellement, parce que les invasions barbares y ont été moins dévastatrices, on trouvera des ruines de monuments, et on les analysera, et on s'efforcera de reconstituer autour d'elles toute la vie qu'elles rappellent. Ce sont des camps romains, des thermes, des amphithéâtres, ou des colonnes, des arcs-de-triomphe. Ils ne sont pas seulement des curiosités ; ils sont des témoins, comme on dit en géologie. Georges Cuvier, avec un os, reconstituait toute l'anatomie des grands animaux de l'époque glaciaire ; il nous faut aussi, autour des débris que les invasions en ont laissés, restaurer, ressusciter toute la vie, l'âge d'or de la paix romaine.

LE CHRISTIANISME ET LES INVASIONS BARBARES

Les temps de paix sont favorables aux grandes révolutions morales. L'unité impériale romaine fut le cadre où se développa l'apostolat chrétien et où se prépara l'unité morale de l'Europe. L'expansion du christianisme en Gaule n'est pas seulement un chapitre important de l'histoire de notre pré-moyen-âge. C'est le début d'une ère nouvelle, dont vingt siècles n'ont pas épuisé l'évolution. Là encore, il faut comprendre la suite des temps et la solidarité des générations.

Nulle part, le christianisme n'a été plus pénétrant qu'en Gaule ; nulle part il n'a gardé ou pris au même degré cette profondeur et cette élévation de mysticisme qui en fait le propre caractère.

Sans doute, elles s'accordaient avec la mentalité que nos pères tenaient du climat et de l'enseignement druidique. N'y a-t-il pas des liens étroits entre les anciennes pratiques religieuses de la Gaule et certaines fêtes chrétiennes ? Le gui de l'an neuf et la Noël ? Les fêtes du solstice et les feux de la Saint-Jean ?

Il est certain que l'enseignement chrétien s'est adapté le mieux du monde à la mentalité de la Gaule.

Il y a apporté quelque chose de plus doux et de plus humain que ce qu'elle tenait de la Grèce ou de Rome, puisque d'abord il y a supprimé l'esclavage, et qu'ainsi il y a préparé l'abolition de tous les esclavages, en sorte qu'il n'a pas achevé sa carrière.

La France n'est peut-être pas unanimement catholique, quoiqu'elle en soit fortement marquée ; mais elle est toute chrétienne, puisqu'elle veut réaliser, plus qu'aucune autre nation au monde, l'égalité, la fraternité et la justice.

C'est pourquoi nous ne devons pas négliger, bien au contraire, l'étude et l'enseignement de nos origines chrétiennes ; nous ne devons pas continuer de mutiler, de dessécher à cet égard notre histoire nationale. C'est pourquoi, nous devons rechercher et cultiver avec une sorte de prédilection, nos vieilles légendes chrétiennes, celles de saint Irénée, de saint Denis, et de tant de martyrs, personnification de la résistance de la conscience à l'oppression des pouvoirs publics, celles de saint Martin, de saint Hilaire et de tous ceux qui ont enseigné, aux origines de notre histoire, la charité, la bonté, pour toutes les créatures et particulièrement pour les plus misérables. L'histoire locale partout y trouvera de pittoresques et émouvantes occasions d'éducation, et de ces scènes ou de ces tableaux qui se gravent profondément et définitivement dans l'âme des enfants.

La culture de la solidarité n'y perdra rien. Et il y a là une des plus lointaines sources de la mentalité, de la conscience française, une de celles dont nous avons le plus besoin pour résoudre les problèmes sociaux. Les bienfaits de l'enseignement de Jésus sont inépuisables.

N'est-ce pas la doctrine chrétienne qui, d'abord, a résolu le problème redoutable de l'invasion germanique, dont la barbarie s'assouplit et s'adoucit dans l'eau du baptême : « Courbe ta tête, fier Sicambre, adore ce que tu as brûlé et brûle ce que tu as adoré ! »

Et les Germains commencèrent d'être introduits dans la société civilisée. Ce fut le dernier apport de race nouvelle dont s'enrichit la France primitive qui en prit son nom. Quelle variété de population dans la formation de notre pays ! Il s'ouvre de toutes parts, il appelle à lui tous ses voisins et les assimile ; il est le milieu le plus compréhensif de l'histoire ; il s'enrichit de qualités et de sangs divers, et il les combine en une harmonie de plus en plus féconde.

Ainsi les Germains, Francs ou autres, s'établirent, d'ailleurs en petit nombre, dans le pays qui est entre la Seine et le Rhin. Le fond de la race y est toujours celtique ; la couche germanique y fut plus marquée que dans le reste de la France,

Très curieux pays que ce pays rhénan : il est fait pour assurer la transition entre la France de civilisation européenne et les « monstrueuses nations » qui vivent dans l'ancienne forêt hercynienne ; par là une des régions les plus sensibles de la terre, et dont les destinées importent à l'univers. On s'en aperçoit encore maintenant.

Il faut donc l'étudier avec un soin particulier, et l'histoire locale des pays de Trèves ou de Coblence ou de Metz ou de Reims, est faite pour rapprocher harmonieusement les destinées de la France et de la Germanie. C'est à travers tous les siècles que les régions du Rhin ont eu à jouer ce rôle bienfaisant. Dans ces âges lointains, au temps de Clovis ou de Charlemagne, il n'y avait pas de Prusse.

Dès lors la France, la France gallo-romaine, le plus chaud foyer de la civilisation méditerranéenne, déjà accueillante aux barbares tribus de la Germanie, allait préparer et répandre à travers le monde l'éducation dont elle avait reçu la semence et que son sol fertile allait mûrir et épanouir pour toute l'humanité.

CHAPITRE III

Le Moyen âge
Les petites patries

LA CHRÉTIENTÉ

Jordanès, l'historien des Goths, au VIe siècle, appelait la Gothie « officina gentium ». Par Gothie, il faut entendre, sans doute, non seulement la Scandinavie méridionale, mais aussi la plus grande partie de la Germanie, l'immense forêt hercynienne, d'où sont sorties à travers les siècles tant de bandes pillardes, à la recherche d'un bon butin. « Officina gentium », une fabrique de nations, peut-être est-ce toujours vrai, pourvu que nous ne précisions pas le sens du mot *nations,* où nous viendrons plus loin, pourvu que nous lui laissions d'abord le sens vague de groupes de peuplement.

Les invasions du moyen âge répondent à cette définition. La civilisation gallo-romaine s'était corrompue à la recherche d'une prospérité de plus en plus raffinée. Les barbares de la Germanie y apportèrent des éléments vigoureux, un sang nouveau, mais avec une effroyable brutalité et en brisant tout, et il fallut donc les instruire, les introduire dans la civilisation.

Il faut relire ici le beau mémoire de Mignet : *De l'introduction de la Germanie dans la société civilisée.*

Cette introduction, ou cette éducation première, ne pouvait être assurée que par le christianisme. Les évêques en effet allèrent au-devant des barbares et commencèrent de les convertir par le baptême : Clovis et saint Rémi. Toutes les tribus qui entrèrent et s'établirent dans l'empire romain furent converties au christianisme. Puis l'Eglise entreprit la conversion de la Germanie elle-même et pénétra au cœur de la forêt hercynienne. Elle y entra par Mayence, la porte historique de la Germanie, un des points les plus remarquables de l'Europe : son importance est toujours considérable.

Saint Boniface fut le premier archevêque de Mayence, primat de la Germanie ; en remontant le Main, puis la Kinzig, il gagna la haute vallée de la Fulda, à l'entrée de la forêt; il y fonda le monastère de Fulda, le séminaire d'où partirent les missionnaires envoyés à la conquête chrétienne de la Germanie d'Odin et de Thor.

Beaucoup y périrent. Charlemagne y employa une plus rude méthode. Il mena à travers la Saxe une guerre terrible qui remplit presque tout son règne ; il baptisa les Germains par milliers dans les eaux des rivières ; il y fonda huit évêchés, et dès lors la Germanie elle-même envoya vers l'Europe septentrionale des missionnaires pacifiques ou guerriers et entreprit la conversion des Slaves.

Charlemagne reçut la couronne impériale à Rome. Puis elle passa à d'autres maisons, à des princes Saxons, à des Souabes, à des Franconiens. Ce fut le Saint-Empire Romain Germanique.

Il fut la forme politique où s'organisa l'unité chrétienne. Le Saint-Empire, ce fut la chrétienté, *christenthum,* comme disent les Allemands.

L'Europe eut alors une grande unité, la plus forte de toutes, l'unité morale. Elle y vécut pendant tout le moyen âge, qu'il vaudrait peut-être mieux appeler l'âge chrétien.

La Société politique y fut constituée en une hiérarchie régulière, au moins en théorie, selon la fameuse mosaïque de saint Jean de Latran : saint Pierre remettant la bannière impériale à Charlemagne et l'étole pontificale, signe du pouvoir spirituel, au pape Léon.

Les chefs de la société chrétienne sont donc le Pape et l'Empereur, ou l'Empereur et le Pape, et la querelle du Sacerdoce et de l'Empire a rempli tout le moyen âge, sans que l'on puisse dire qu'elle ait eu sa solution. A Canossa, à Venise, de puissants empereurs ont dû s'humilier devant les papes, mais la papauté a connu aussi de terribles épreuves, en attendant le soufflet d'Anagni.

Quoi qu'il en soit, l'autorité des papes et des empereurs s'imposait au moins en théorie, aux rois, d'Italie ou de Lombardie, de Bohême, d'Arles, de Bourgogne, de France même ; car les premiers Capétiens subirent la suzeraineté impériale, et Reims, la ville du sacre, ne s'en détacha que péniblement. — Au-dessous des rois, vassaux des rois à des titres d'ailleurs divers, les ducs, de Saxe, ou de Franconie, ou de Lorraine, ou de Bourgogne, ou de Normandie ; — les comtes et les barons, en des fiefs de plus en plus petits, enchevêtrés les uns dans les autres, en une poussière dont les variétés locales sont fort pittoresques.

Dans cette vaste unité chrétienne, il ne faut pas chercher des frontières nationales ; il n'y a pas de nations, il n'y a que des fiefs de divers degrés, dont les limites se modifient à chaque instant, par le jeu des guerres privées et des successions féodales. C'est là qu'est l'erreur, erreur voulue par les historiens allemands, relative au trop fameux traité de Verdun (843), où ils prétendent enfermer la France dans des frontières immuables.

Rappelons les faits avec précision. Les fils de Louis le Débonnaire voulurent se partager, non pas l'Empire, mais le gouvernement de l'Empire. L'aîné, porteur du titre impérial, donc suzerain de ses deux frères, prit pour lui les deux capitales, Rome et Aix-la-Chapelle, c'est-à-dire l'Italie et le pays auquel il donna par suite son nom, la Lotharingie ; il eut ainsi autorité de part et d'autre, sur les deux autres parties de l'Empire, la France Occidentale ou France proprement dite, et la France Orientale, ou France Germanique dont le nom s'est conservé à Francfort et en Franconie, par exemple.

Il n'y a rien là qui ressemble à trois nations, et si naturellement la France orientale se distingua de plus en plus de la France occidentale, il est difficile de concevoir l'idée d'une nation à propos des pays qui étaient directement soumis à l'autorité de Lothaire, de la mer du Nord à la mer Ionienne. Leur limites n'ont pas de valeur politique puisque l'autorité impériale ne les reconnaissait pas et passait par-dessus.

Pendant deux ou trois cents ans, même plus longtemps à certains égards que nous considérerons les royaumes, les nations ou ce que les temps modernes allaient appeler de ce nom, ont été noyés dans la masse, dans l'unité impériale et chrétienne. C'est le propre caractère du moyen âge.

LA CELLULE ÉLÉMENTAIRE — LA PAROISSE
HISTOIRE LOCALE

De cette unité impériale et chrétienne, du Saint-Empire, d'ailleurs assez incohérent dans la réalité, allaient se dégager peu à peu, de siècle en siècle, plus ou moins rapidement, plus ou moins complètement, les individualités locales, provinciales, nationales dont la manifestation remplit les temps modernes ; évolution constante vers l'émancipation : une des grandes lois de l'histoire.

Au moment où la chrétienté est la mieux caractérisée, il faut chercher la cellule élémentaire de cette unité politique et sociale dans le village, dans la paroisse, autour de l'Eglise.

C'est par là qu'il faut commencer l'enseignement de l'histoire ; c'est ce que l'on est convenu d'appeler l'histoire locale, d'un terme qui n'est pas parfait. Il ne faut pas faire de cette histoire locale une branche particulière de l'histoire ; il faut l'intégrer dans l'ensemble. Il faut connaître l'arbre pour comprendre la forêt. L'histoire locale a son importance propre ; elle a l'avantage scientifique de s'appliquer à des phénomènes dont on peut voir et toucher la trace, et elle démontre sur exemples concrets comment se détermine la connaissance du passé. Mais aussi elle importe à l'histoire générale qui n'est qu'une synthèse d'histoires locales ; elle en constitue la base, les assises solides.

Au reste, dans une vaste unité comme la Chrétienté du moyen âge, il y a des ressemblances profondes entre ses divers éléments de même degré, et l'histoire d'une paroisse se retrouve, *mutatis mutandis*, en beaucoup d'autres paroisses.

Je prends un exemple. Voici un petit village du Gâtinais, La Neuville. Il s'est un peu déplacé pour se rapprocher de la rivière. D'abord il avait été consacré à Saint-Sulpice, et il montre au flanc du coteau une vieille chapelle dont l'art ogival est encore remarquable. Les documents établissent que cette paroisse fit partie des domaines de l'abbaye de Ferrières, à quelques lieues de là. Quant à La Neuville, son nom indique sans doute un établissement plus récent ; elle garde une ancienne tour imposante aux murs épais ; la tradition, plus que les archives, y parle de prieuré, de grenier à sel ; de vieux murs ici ou là sont encore impressionnants.

Peut-on refaire avec ces restes, la vie d'autrefois en ce petit milieu ? Il y faudrait essayer. Il faut regretter, en passant, que tous les documents d'archives locales aient été ramassés soit aux chefs-lieux de départements, soit même à Paris : ils n'ont tout leur intérêt qu'à l'endroit même auquel ils se rapportent. Nous émettons ici le vœu que les Archives soient décentralisées, que l'histoire locale retrouve sur place ses instruments de recherches, afin qu'elle puisse accomplir tout son office. A cette condition seulement on pourra refaire l'histoire de toutes ces petites cellules ; il se trouvera partout aujourd'hui des curieux, des savants pour cette œuvre captivante de résurrection. Il est inutile de dire que ces réflexions s'appliquent à toute l'étendue de l'Europe chrétienne, en attendant mieux, par exemple à toutes paroisses de la Bourgogne ou de la Bretagne, de l'Italie ou de la Franconie.

Nous n'en pouvons ici rappeler que les traits généraux, d'une généralisation que nous avouons très approximative, car il faudra beaucoup de temps pour établir ce que l'on pourrait appeler le cadastre historique de toutes les paroisses de la chrétienté.

En tout cas, il est certain que le rôle du clergé y fut considérable. Ce sont les moines et les prêtres, qui, dans les premiers siècles du haut moyen âge, avaient défriché les bois et les prairies pour y planter les églises et les premières cabanes, qui avaient enseigné aux habitants la culture du blé et de la vigne, tout en recopiant et déchiffrant les manuscrits latins et grecs où s'entretenait l'espoir de la Renaissance.

Littéralement, selon le commandement de Jésus,

le clergé alla et enseigna les nations. Il les servait devant Dieu de ses prières ; il vivait pauvrement, d'une petite part de la dîme. Le souvenir s'en est conservé jusqu'à nous, l'Église et son clocher en sont le symbole. Alors en vérité les paysans n'avaient pas d'autre horizon que celui du village, pas d'autre vie matérielle que la culture des fruits dont ils faisaient leur subsistance, pas d'autre vie morale que l'assistance à la messe et le culte et la fête du saint patron ; d'ailleurs devant Dieu, dans son Église, le misérable roturier était l'égal de son seigneur ; il avait droit comme lui, selon son mérite, aux récompenses éternelles de l'autre vie.

Le clergé, le bas clergé des prêtres et des moines, se tient à côté du paysan dans toute l'histoire, jusqu'à la Révolution ; c'est lui souvent qui rédigera les cahiers de doléances des roturiers.

D'aucuns lui reprochent d'avoir entretenu les superstitions : il est vrai que les pauvres clercs n'étaient pas instruits eux-mêmes. Grégoire de Tours, l'un des plus remarquables et des meilleurs prélats du vi° siècle, se guérissait de la dysenterie en léchant la poussière du tombeau de Saint-Martin, et du mal de dents en se frottant la joue contre la barrière. Il y a encore des superstitions sous le régime de l'école laïque. Et puis, il faut s'entendre sur la définition du mot. Il y a dans tous les villages de France, et même dans les faubourgs des villes, des croyances de bonne femme, que l'on se passe, comme les remèdes de bonne femme, de générations en générations. Les esprits les plus forts en sont marqués, même surtout quand ils proclament le contraire. Où commence la superstition ? Où finit ce domaine de l'inconscient où l'intelligence et l'imagination cherchent l'explication des phénomènes dont le sens leur échappe, et se complaisent dans le mysticisme ? Car il y a beaucoup de charme dans le mystère : les tables tournantes, la télépathie, sont ils des phénomènes scientifiques ou des déréglements de superstitions ?

Sans doute, aussi, il y eut des prêtres indignes, et même des évêques ou des cardinaux, mais en infime minorité. Et c'est ici surtout qu'il ne serait pas scientifique de généraliser : ce ne serait que de l'esprit de parti. La plupart, presque tous, étaient de braves gens, doux et pleins de pitié et de charité pour le pauvre monde, dont ils connaissaient mieux que quiconque la misère et l'ignorance. N'était-ce rien, en ces temps pénibles, que de mettre au cœur de l'homme l'idéal de la vie éternelle ? Beaucoup aujourd'hui seraient plus heureux, s'ils avaient un autre idéal que le pur bien-être matériel, qui ne satisfait jamais.

Le meilleur moyen de connaître et de comprendre le moyen âge chrétien est encore de relire Michelet, dont le grand cœur sut apprécier la fête de la foi, quand les francs-maçons, les libres compagnons de la pierre, conduits par les prêtres, couvraient la France de sa « blanche robe de cathédrales ». Et nous, nous voulons reconstituer notre grand bloc d'histoire nationale, parce que nous voulons enseigner toute la vérité, et parce que c'est une condition de la paix sociale.

FIEFS ET PROVINCES — HISTOIRE PROVINCIALE
OU RÉGIONALE

Les paroisses ou villages, groupes de maisons, se groupaient naturellement en *pagi* ou *pays*, d'où est venu le mot paysan, comme le mot *païen*, parce que le christianisme gagna moins vite les campagnes que les villes.

Le *pays* correspond, en France surtout, à une individualité géographique et historique très nette, plus nette que la province qui groupera des pays différents ; ainsi dans l'Orléanais, il y a du Val, de la Beauce, de la Sologne, du Gâtinais. Au pays correspondrait à peu près de nos jours le canton qui groupe encore une sorte de communauté d'intérêts, autour d'un marché central. Au moyen âge, le pays groupait de même les quelques villages qui vivaient, si l'on peut dire, de la même vie politique et économique, sous la houlette du châtelain, du chevalier du *castellum, castel, châtel*, qui protégeait tout le pays.

Car ces temps étaient rudes, l'autorité impériale ou pontificale étant vague et lointaine; l'autorité royale n'était pas constituée, et le désordre était universel, favorable à toutes les entreprises de la force.

Alors les faibles, les gens d'Eglise eux-mêmes, avaient besoin de protection et l'allaient chercher au château. On sait qu'en beaucoup de régions de l'Europe, les Normands, ou ailleurs les Sarrasins ont répandu longtemps la terreur jusque très

loin dans l'intérieur des terres et que les populations effrayées n'avaient de refuge que dans les
forteresses féodales. Normands et Sarrasins éloi-
gnés ou fixés, d'autres misères accablèrent les
travailleurs des campagnes, et ils prirent l'habi-
tude de se mettre sous la tutelle des seigneurs.
Pendant des siècles, le château se dressa sur la
colline et sur le roc escarpé comme le maître et
protecteur naturel du pays.

Il faudrait que dans toutes nos écoles, l'insti-
tuteur fût mis en mesure de faire revivre avec tout
son pittoresque toute cette vieille et savoureuse
histoire de nos châteaux. On y vient peu à peu
avec le souvenir des trouvères ; ce n'est pas assez :
c'est chaque morceau de la France féodale
qui devrait avoir sa restitution particulière. Sans
doute cette histoire locale se rencontre à peu près
dans nos bibliothèques, refaite peu à peu par les
nombreux membres très actifs de nos sociétés
savantes : il faut la faire passer à l'école primaire,
et qu'elle y devienne l'objet d'un enseignement
précis et vivant. Quand on aura de la sorte rétabli
l'histoire en ses fondations, l'enseignement historique à l'école donnera d'autres résultats que ceux
que nous déplorons.

La chevalerie des seigneurs féodaux, lentement
assouplie et adoucie par l'Eglise, fut jetée par elle
à la croisade ; car elle n'avait d'unité morale
que par la chrétienté. La croisade fut inspirée
aussi par l'esprit d'aventures dont la chevalerie
était particulièrement marquée. Elle remit l'Occident, enfin dégagé des troubles de l'invasion barbare, en contact avec l'Orient, ce qui ne pouvait

pas manquer d'avoir les plus importantes conséquences.

Il ne s'agit pas seulement des bons rapports qui
maintes fois, rapprochèrent, malgré les hostilités,
Francs et Arabes; la rudesse franque se corrigea
de quelque manière au contact de la finesse arabe,
et les splendeurs de Byzance, après avoir scanda-
lisé les Croisés, les laissèrent tout éblouis. Inconsciemment, par une sorte d'atavisme de culture,
ils retrouvèrent en Orient les origines de leur propre civilisation ; ils ne s'y reconnurent pas aussitôt, mais ils y furent entraînés par la nature et
par l'histoire. L'unité méditerranéenne, rompue
par les invasions barbares, allait se refaire ; mais
il y faudra de longs siècles et de terribles épreuves.

C'est que la France n'était pas encore prête à
y conduire une action suivie. Elle n'était pas
encore regroupée. Ele n'avait pas encore rappro-
ché ses éléments en une nation, non pas même
en un royaume : ce sont des formations difficiles,
où il faut le lent travail des siècles.

D'abord il lui fallut ramasser sa poussière de
fiefs, en provinces. La France fut pendant des
siècles jusqu'à la Révolution, un agrégat de provinces dont la physionomie originale est restée
profondément marquée dans la nation, où elle voudrait même aujourd'hui renaître par le régio-
nalisme.

Il est donc impossible de connaître vraiment
l'histoire de la France, sans celle des provinces
qui la constituent. Nous avons réclamé tout à
l'heure une oganisation méthodique, scientifique,

de l'histoire locale, c'est-à-dire des cellules élémentaires de la patrie. Nous réclamons maintenant l'organisation de notre histoire provinciale, qui est comme une histoire locale du second degré.

Nos provinces françaises n'ont rien de commun, par exemple, avec les colonies d'Athènes ou des autres cités grecques qui n'étaient que des essaims détachés de la ruche, de la métropole, ni avec les provinces de Rome qui n'était que des « provignements » de la capitale (Capitole) et qui, ainsi, n'avaient qu'une vie d'emprunt, imposée de l'extérieur.

Les provinces de France furent des organismes spontanés, vivant de leur vie propre, avec assez de vigueur pour ramasser en elles la vie des fiefs, des pays et des paroisses qui y garda toute son activité multiple. Ces provinces furent, dans toute la force matérielle et morale de l'expression, de « petites patries ». Et elles le sont toujours.

Elles sont fondées sur des caractères géographiques ou même géologiques qui leur donnent leur cadre naturel, Provence, Franche-Comté, Bretagne. Elles sont rapprochées par leurs intérêts économiques. Elles ont une traditionnelle unité de vie, de race, un je ne sais quoi, un air de famille qui les distingue et leur garde leur personnalité.

La noblesse a joué le principal rôle dans cette grande œuvre d'histoire. L'Anjou, la Normandie, le Languedoc, le Dauphiné, par exemple, ont vécu longtemps sous leurs dynasties particulières et leur ont gardé un culte fervent, parfois touchant. Lorsque la Bretagne fut réunie à la France par le mariage d'Anne avec Charles VIII, puis Louis XII, la reine Anne resta pour les Bretons « la bonne duchesse ». Et dans la grande patrie qu'est la France, la Bretagne est toujours une personne morale fort remarquable. L'Alsace est une petite patrie très originale, et la Lorraine, tant de fois déchirée, en sent plus fortement sa vitalité historique et économique.

Y a-t-il actuellement dans nos classes une histoire de la Bretagne, ou de la Lorraine, ou de la Provence ? Comme l'histoire de la France en serait plus pleine, et plus vivante !

LE DOMAINE ROYAL DE FRANCE — LE XIIIe SIÈCLE FRANÇAIS

Il est vrai que parmi ces grandes régions historiques, le domaine des Capétiens s'organisa selon des lois supérieures et avec une puissance de rayonnement toute particulière.

Cela fut dû aux avantages géographiques qui caractérisent le bassin de Paris qui occupe une position centrale dans la grande région naturelle comprise entre la Méditerranée et la mer du Nord, entre l'Océan et le Rhin, et qui de tous les côtés s'ouvre sur des horizons étendus.

Au temps de la Gaule romaine, Lyon marquait son lien de dépendance avec Rome. Paris allait être la capitale de la France majeure.

De bonne heure les ducs de France, devenus les rois de France, instruits par leurs légistes des conditions où s'était fondé autrefois l'Etat romain, inaugurèrent la grande politique égalitaire qui allait être pendant des siècles le propre caractère de la politique royale ; ils protégèrent les petites gens, contre les violences et les abus des féodaux. Comme elle avait adopté Clovis par la voix de saint Rémy, l'Eglise adopta les Capétiens, les sacra aussi à Reims et leur garda la force morale qui assura la grandeur du royaume.

Louis VI mena vigoureuse police contre les bandits du domaine, Coucy, Toury, qui n'étaient que des seigneurs attachés à leur indépendance native. Il encouragea la formation des communes et l'émancipation des bourgeois, qui déjà au xiiᵉ siècle ne furent plus des serfs.

Et la royauté française commença tout de suite à réaliser des groupements de provinces voisines. La Normandie, parce que la Seine y va gagner l'Océan, y vint dès le commencement du xiiiᵉ siècle, avec l'Anjou, et même alors la croisade des Albigeois ouvrit une porte vers la Méditerranée.

Tout de suite cette extension territoriale nécessita une administration plus complexe ; à longue distance du centre, le roi fut obligé de déléguer une part au moins de ses pouvoirs à des baillis, à des sénéchaux, de s'éclairer par l'étude des lois romaines, de reprendre la tradition des ordonnances impériales. Et ainsi l'ancien domaine féodal de l'Ile-de-France devenait un Etat, et ses rois prenaient une conscience plus haute de leur devoir politique. Dès Philippe le Bel, ils songeaient à reconstituer l'ancienne Gaule romaine, la *Gallia*, jusqu'au Rhin.

Ce ne sont que des indications encore vagues, mais déjà émouvantes. En 1214, à Bouvines, la petite armée de Philippe-Auguste, formée surtout de milices bourgeoises, remporte une éclatante victoire sur l'empereur Otton IV qui s'enfuit piteusement du champ de bataille : il y a là beaucoup de promesses d'avenir, et de gloire.

Il y a ailleurs des phénomènes historiques très remarquables aussi en ces XIIᵉ et XIIIᵉ siècles qui marquent la fin du moyen âge et donc une sorte de réveil.

L'Italie, champ de bataille entre le Sacerdoce et l'Empire, s'organise en villes libres, pour passer ensuite au régime des tyrannies militaires, dans une activité politique et artistique merveilleuse, vers la Renaissance.

L'Angleterre, détachée de la Normandie, reprend plus d'originalité et se prépare à apporter sa contribution particulière à l'élaboration de la société moderne. Elle a sa Grande Charte, ses statuts d'Oxford et pose les fondations du régime parlementaire.

Mais le XIIIᵉ siècle est surtout un grand siècle français, et l'enseignement historique lui donne désormais toute la place qu'il mérite. Il est si naïf, si sincère, si intensément religieux et fraternel et chrétien ! Une belle étape vers les grandes formations politiques et sociales des temps modernes.

La paix des villages est assurée dans un ordre nouveau. Les provinces qui deviendront les membres vigoureux de la France royale cultivent encore leurs ressources et leurs vertus particulières. La paix de l'Eglise a triomphé des brutalités barbares. Les cathédrales portent à Dieu la prière reconnaissante et l'allégresse laborieuse des populations peu à peu libérées du servage comme de l'esclavage.

Saint Louis rend la justice sous le chêne de Vincennes, si doux aux faibles, dur aux méchants. Les plus puissants souverains, Pape, Empereur, Roi d'Angleterre, sollicitent son arbitrage.

La France est déjà le plus beau royaume sous le ciel.

CHAPITRE IV

Le Royaume

La guerre de Cent ans (XIVᵉ-XVᵉ siècles) fut une rude bataille pour la France. Mais ce fut, davantage encore, une crise universelle de l'évolution humaine, la fin d'un âge, le commencement de l'ère moderne : — Bataille féodale, les Plantagenets contre les Valois, autour de la loi salique ; — bataille entre provinces : la Guyenne ne se plaignit pas de la domination anglaise; la querelle des Armagnacs et des Bourguignons ensanglanta la France pendant trente ans, Nord contre Midi; la Flandre aussi défendait sa liberté, et la Bretagne ; — bataille politique : la noblesse défaillante, la bourgeoisie déjà pensa s'emparer du pouvoir, avec Etienne Marcel, et l'ordonnance cabochienne annonça des réformes qui furent désormais le programme de la royauté. Cependant en Angleterre le régime parlementaire développait ses expériences à travers le règne des Lancastre et la guerre des Deux Roses ; — bataille sociale, car les querelles sociales ne sont pas seulement de notre temps ; elles sont de tous les temps, et Wiklef et Hus ont conduit des tentatives de réformes sociales autant que religieuses. Et la Réforme de Luther et de Calvin était proche.

Cependant les Turcs s'installaient à Constantinople pour cinq cents ans et bouleversaient l'Europe orientale. Alors les navigateurs portugais et espagnols cherchaient la route de l'Inde par le tour de l'Afrique et vers l'Ouest découvraient l'Amérique, prenaient une première connaissance de la forme et de l'étendue de la terre, du cadre où allaient évoluer les temps modernes.

L'âge nouveau s'ouvre pour la France par la merveilleuse histoire de Jeanne d'Arc, la plus merveilleuse histoire qui soit au monde, une histoire qui touche au miracle et dont les explications scientifiques sont demeurées imparfaites : une paysanne qui sauve la France, quand les nobles et le Roi l'avaient perdue ; une jeune fille qui conduit des hommes d'armes et leur enseigne la victoire ; une laïque qui tient tête aux gens d'Eglise et leur enseigne la patrie ; il ne fallait pas la canoniser, sur quelques miracles ridicules : elle ne méritait pas cet excès d'honneur.

Jeanne d'Arc ne fut pas une sainte ; elle fut la plus naïve et la plus profonde personnification du sentiment de la patrie. « Je n'ai jamais vu, disait-elle, de sang de Français que mes cheveux ne levassent ». Lorraine, elle souffrit du siège d'Orléans, et de la captivité de Reims, et de la grande pitié qu'il y avait dans tout le royaume de France. Elle conçut la France.

Elle la consacra par le martyre, et le patriotisme fut dès lors comme une religion ; il en eut chez quelques-uns la ferveur mystique. Il fut la grande idée ou le sentiment pénétrant qui s'imposa à la politique de nos rois. Les rois de Prusse ont dressé plus tard la formidable machine de guerre qui s'appelle l'Etat prussien. La France offrait au monde la plus noble et la plus émouvante figure de la patrie.

Elle y trouva une incomparable force morale, une force rayonnante qui assurait le « rassemblement » de la terre française. Ce ne furent pas des annexions de violence. Ce fut un rassemblement de libertés provinciales, de solidarités économiques, de volontés réfléchies, à mesure qu'elles étaient mûries et conscientes ; car la patrie, c'est la communion des cœurs et c'est cette communion qui fait les réunions durables.

Ce fut la mission historique de la royauté française ; elle présida pendant trois cents ans avec beaucoup d'habileté et de tact au « rassemblement » des petites patries provinciales, et elle en prépara la fédération totale.

LE RASSEMBLEMENT DE LA TERRE FRANÇAISE

Ainsi la royauté apporta une contribution décisive à la formation territoriale de la France, vers l'unité nationale, qui est notre objet, qui exprime tout notre effort de synthèse, un effort de restitution de la vie intégrale de la France, un effort de résurrection, selon la leçon de Michelet.

Car il ne suffit pas de consacrer à la France des études historiques diverses, si parfaitement scientifiques qu'elles soient. Il ne suffit pas de connaître d'une part l'administration royale, ou les institutions politiques, ou d'autre part l'œuvre successive des rois ou de leurs grands ministres et leurs « secrets ». Il ne suffit pas de disperser cette histoire en des analyses profondément documentées. Il est temps de « comprendre » la France. Il faut en avoir l'image sans cesse présente à la pensée ; c'est la condition première de son enseignement. Nos rois furent grands pour en avoir eu la notion constante ; c'est bien le moins que les historiens sachent la retrouver dans leur œuvre séculaire.

On peut bien dire que la loi essentielle de l'histoire des rois de France a été l'achèvement du royaume. Ils n'ont pas vécu, ils n'ont pas gouverné au jour le jour ; plus ou moins consciemment, plus ou moins consciencieusement, ils ont eu un but, ils ont eu une politique. Ils n'en ont pas eu de plus certaine, parce qu'il n'y en avait pas de plus nécessaire, de plus naturelle, que de refaire le cadre traditionnel, historique, qui avait donné à la Gallia des siècles de prospérité, et qui était indispensable à la vie, à l'action de la France.

La volonté d'atteindre le Rhin, elle était chez Philippe le Bel, comme elle est chez Louis XI, chez Henri II, chez Henri IV, Louis XIII, Louis XIV, Louis XV, comme elle sera chez les grands républicain de l'an II, comme elle est dans la conscience profonde de tous ceux qui sont dignes de conduire les destinées de la patrie.

La constance de cette politique royale et nationale est singulièrement impressionnante. Elle est une loi de la nature : la France comme la Gallia est dessinée sur la carte par la Méditerranée, les Pyrénées, l'Océan Atlantique, les Alpes et le Rhin. Dans ce cadre, elle a vécu heureuse et pacifique pendant cinq cents ans. Troublée dans son développement naturel par des invasions barbares qui apportaient des éléments nouveaux d'humanité, elle avait commencé de les absorber, et peu à peu elle se refaisait : les paroisses se groupaient en fiefs, les fiefs se groupaient en provinces, les provinces se groupaient dans le royaume. La France se reconstituait d'un mouvement normal, avec une force irrésistible. On a parlé de déterminisme historique ; il n'y en a pas de plus scientifiquement établi que celui qui conduit la France à la perfection de sa physionomie territoriale.

Et nous verrons que cela importe à l'éducation et à la civilisation de l'humanité.

Tout de suite, au lendemain de la guerre de cent ans, Louis XI réunit des provinces de la plus grande importance : la Picardie était toute voisine et en vérité toute disposée à entrer dans le domaine royal ; l'Anjou, aux confins de l'Orléanais et de la Touraine, ouvrait la route de la Bretagne et avait déjà été réuni au temps de Philippe-Auguste.

La Provence était beaucoup plus éloignée, et elle avait une très forte originalité. Elle fit pourtant partie de la France le plus naturellement du monde, et jamais elle ne manifesta même des velléités de séparatisme. C'est un phénomène que l'histoire doit noter : toutes les provinces réunies à la couronne de France y sont dès lors restées attachées fidèlement; cela tient à la bonne administration de la royauté, qui a su ménager toujours les diversités provinciales et les coutumes établies. Cela tient aussi à la nature même des choses, à l'unité de race et de langue, aux souvenirs historiques surtout : toutes ces provinces avaient fait partie de la Gallia ; il était tout simple qu'elles rentrassent dans cette grande unité territoriale.

La Bourgogne aussi fut réunie par Louis XI, et le fait est particulièrement intéressant. Elle avait toujours, ou presque toujours formé un Etat séparé. Elle venait d'avoir depuis un siècle une éclatante prospérité : ses ducs, Philippe le Hardi, Jean sans Peur, Philippe le Bon, Charles le Téméraire, l'avaient agrandie considérablement et en avaient fait un grand Etat que le dernier duc appelait la Gaule-Belgique et qui pouvait prétendre à une véritable indépendance et même à une sorte d'hégémonie dans l'Europe occidentale. Au congrès d'Arras, en 1435, le Bon Duc était apparu comme un souverain plus puissant que le roi de France : il venait d'instituer l'ordre bientôt glorieux de la Toison d'Or. Il tenait à Dijon une cour royale, et cette ville avait vraiment rang de capitale.

Réunie au royaume, déchue au rang de province, après une si brillante fortune, la Bourgogne s'est-elle plainte de ce sort nouveau ? En aucune manière. Un demi-siècle plus tard, l'héritier direct et légitime de Charles le Téméraire, l'Empereur Charles-Quint, vainqueur du roi de France à Pavie, se fit céder la Bourgogne par le traité de Madrid

(1526). Que firent les notables de la province ? Ils se rendirent à Cognac, au passage de François Ier revenant de sa captivité, et lui déclarèrent qu'ils ne voulaient pas être séparés de la France. N'est-ce pas comme un plébiscite, et déjà l'affirmation du droit des peuples à disposer d'eux-mêmes ? La Bourgogne était française, se sentait française, et voulait rester française.

La réunion de la Bretagne est aussi significative : une idylle. Le jeune roi Charles VIII épouse la duchesse Anne, et la Bretagne entre dans le domaine royal. Non pas absolument ; en vérité il n'y a pas là réunion, il y a alliance ; la Bretagne resta un duché, avec tous les caractères de l'indépendance ; la reine Anne resta « la bonne duchesse ». Charles VIII mort, elle épousa Louis XII pour que la Bretagne restât unie à la France. La Bretagne, rude terre de granit, a gardé à travers les siècles sa forte originalité : en est-elle moins française ? Au contraire. La grande force de la France est que les provinces qui venaient peu à peu au royaume y restaient elles-mêmes, gardaient leurs charmes et leurs vertus de petites patries. La grande patrie restait une communion, une fédération, « une grande amitié », dira Michelet.

Le Béarn devint naturellement français lorsque son roi fut roi de France.

Voici les traités de Westphalie, après la guerre de Trente ans. Richelieu voulait « que la France fût en tous lieux là où avait été la Gaule ». Un prince allemand, Bernard de Saxe-Weimar se mit à son service contre les Impériaux et lui conquit l'Alsace, et le traité de Munster la donna à la France.

On nous établit scientifiquement, juridiquement, pédantesquement, à l'allemande, que la réunion fut faite à de telles conditions, sous de telles réserves, parmi de telles considérations de personnes et de coutumes, que ce fut, en vérité, comme si elle ne comptait pas, et c'est ainsi que l'Allemagne avait fini par nous reprendre l'Alsace... et la Lorraine par surcroît. Voyons les faits seulement : le gouvernement français envoya aussitôt des intendants en Alsace, comme dans toute autre province du royaume ; les libertés de la province furent ménagées avec beaucoup de sagesse ; l'Alsace entra dans l'administration française le plus doucement et le plus heureusement du monde ; elle ne manifesta jamais la moindre tendance séparatiste. Elle fut tout de suite aussi française que toute autre province. Et quand, en 1681, soit 33 ans plus tard, trois régiments de dragons français se présentèrent devant la ville libre de Strasbourg, il n'y eut pas même un simulacre de résistance, et un contrat amiable fut conclu entre le roi et le magistrat de la ville.

L'Artois, le Roussillon devinrent français, en 1659, par une loi de la nature autant que par le fait du traité des Pyrénées qui ne faisait guère que la constater.

La Flandre fut occupée par Louis XIV en une promenade de quelques jours, où il emmena toute la cour comme à une partie de campagne. Et elle fut aussitôt une des plus fortes assises de la barrière de Vauban.

La Franche-Comté fut si aisément conquise que le roi d'Espagne s'écriait que le roi de France n'aurait pas eu besoin d'y employer une armée, qu'il lui eût suffi d'y envoyer ses laquais.

C'est très exact ; les provinces qui avaient fait partie de l'ancienne Gallia entraient naturellement, logiquement, dans le cadre territorial de la France.

La Corse était et est de langue italienne. Elle appartenait à la République de Gênes depuis fort longtemps. Elle fut cédée à la France pour des raisons d'argent. Si elle ne voulait plus être génoise, elle eût préféré l'indépendance. Mais elle donna le jour à Napoléon, et par lui des liens indissolubles se nouèrent entre la Corse et la France.

La réunion de la Lorraine fut le résultat d'une longue et pacifique accoutumance. Déjà les Trois-Evêchés étaient devenus français par la volonté même des princes allemands. Le reste de la Lorraine eut dès lors avec la France des relations de plus en plus étroites. Il parut naturel, lors de la succession de Pologne que la Lorraine fût donnée au beau-père de Louis XV, le duc de Lorraine devenant grand-duc de Toscane, et, sous le gouvernement paternel du bon duc Stanislas Leczinski, la Lorraine entra doucement dans la famille française : une des plus robustes et des plus précieuses petites patries de notre grande patrie.

Au cours de cet exposé du « rassemblement » de la terre française, nous faisons remarquer que nous n'avons pas soutenu une thèse, mais tout simplement reconstitué l'enchaînement des faits, présenté une des grandes lois de notre histoire,

L'ŒUVRE UNITAIRE DE LA ROYAUTÉ FRANÇAISE

Dans ce cadre le génie français pouvait se développer et s'épanouir au profit de l'Europe et de l'humanité.

Il gardait naturellement les caratéristiques des siècles précédents, des temps de sa première éducation.

La royauté continua se politique égalitaire, sinon démocratique. Elle continua son alliance avec la bourgeoisie ; on sait à cet égard le soin que Louis XI avait de sa popularité. Dès lors, elle eut presque constamment le pouvoir ; Saint-Simon en fit d'amers reproches à Louis XIV ; la France n'en fut pourtant que mieux servie par toute une lignée de grands ministres et d'illustres magistrats. La noblesse eut un moment le gouvernement sous le règne de Philippe d'Orléans ; ele ne le garda pas, et sauf Choiseul, Louis XV aussi demanda à la bourgeoisie quelques-uns de ses meilleurs serviteurs, Chauvelin, Machault, les d'Argenson ; cependant dans les salons, la bourgeoisie éclairée, c'est-à-dire les philosophes, les économistes, préparaient la réforme de la société et de la constitution du royaume. Car le XVIII° siècle fut le grand siècle de la bourgeoisie cultivée, l'élite de la France en ce temps.

De même sorte, la royauté continuait de s'occuper de la prospérité des campagnes. Les serfs du domaine royal avaient été émancipés dès le commencement du XIVᵉ siècle, puisque ceux des bonnes villes étaient devenus des bourgeois.

Sans doute les paysans, ou, pour les appeler de leur beau nom, les roturiers, les briseurs de glèbe, les grands laboureurs ou travailleurs du bon sol de France, ont connu de terribles misères, et, poussés aux dernières extrémistes, ils se sont soulevés parfois en d'effroyables jacqueries.

Mais là encore il ne faut pas généraliser les accidents ; il faut retrouver l'évolution pacifique et féconde parmi les manifestations révolutionnaires souvent stériles. Or, depuis la fin du moyen âge, les roturiers n'ont pas cessé de cultiver et de conquérir la terre à la sueur de leur front ; malgré les charges féodales, aggravées et doublées de siècle en siècle par les impôts royaux, ils ont su peu à peu améliorer leur condition. Ils ont eu sous Louis XII et après lui de bonnes années, et il y gagna le nom de « Père du peuple ». Après les guerres de religion, ruineuses, Henri IV et Sully leur assurèrent une nouvelle période de prospérité : « Labourage et pâturage sont les deux mamelles de la France, les vraies mines et trésors du Pérou ». Quelques bonnes années encore sous Colbert ; la fin du règne de Louis XIV fut malheureuse. Mais le XVIIIᵉ siècle fut à cet égard un grand siècle ; les roturiers continuèrent d'agrandir leurs lopins de terre libre en petites propriétés de plus en plus nombreuses. Il y avait beaucoup de paysans propriétaires à la veille de la Révolution. Ils sentaient mieux la lourde charge des droits seigneuriaux ou ecclésiastiques ; cependant les philosophes et les économistes préconisaient le retour à la terre, à la nature. Les temps de l'émancipation totale étaient proches.

Au début de l'ère moderne, les guerres d'Italie continuèrent dans notre histoire le rôle qu'y avaient joué les croisades pendant l'âge précédent ; elles resserrèrent le contact de la France avec la civilisation gréco-latine où elle avait commencé son éducation. La Renaissance en reçut une impulsion décisive. Car il ne faut pas dire que la veine nationale de l'esprit français a été interrompue au XVI° siècle par l'imitation de l'antiquité ; si elle eût été artificielle, cette imitation n'aurait pas donné tant de fruits ; mais elle répondait à la nature même de notre génie, formé à l'école classique, et elle en alimentait l'évolution au moment où peut-être il se fût desséché.

La renaissance des études antiques apporta à l'administration royale les lumières du droit romain, dont les légistes n'avaient eu jusque-là qu'une connaissance encore superficielle, pour ainsi dire intuitive. Alors les lois de l'organisation de l'Etat furent mieux comprises, et les ordonnances des rois commencèrent de former un ensemble méthodique comme au temps des Empereurs. Sans doute il y eut toujours des pays d'Etats et même des pays dits étrangers à côté des provinces de la couronne ; car le gouvernement royal ne cessa jamais de procéder avec beaucoup de modération et de sagesse, ménageant les traditions locales et faisant confiance au temps. Pour cette raison même aussi, la France évoluait naturellement vers l'unité nationale la plus forte, et tout ensemble, la plus souple et la plus harmonieuse.

Il ne faut pas se lasser de dire que la Renaissance est un moment particulièrement brillant, mais naturel, dans la tradition française. C'est pour cela que nos ancêtres du XVI° siècle s'y donnèrent avec une telle folie d'enthousiasme ; ils s'y replongeaient comme aux meilleures sources du génie national. Par-dessus les invasions barbares et les épreuves du moyen âge ils renouaient la chaîne des temps.

Et la culture française, riche de dix siècles d'efforts, nourrie de la moelle des lettres antiques, comme on disait alors, se poursuivit dans la grande ligne classique qui répondait à sa nature et à sa formation première.

Descartes y retrouva les lois du rationalisme, déjà introduit dans la loi et dans la mentalité française par l'Edit de Nantes. Sous sa direction géniale, les grands écrivains du XVII° siècle analysèrent la nature humaine avec une pénétration qui rappelait la philosophie grecque et latine, avec des efforts nouveaux d'une fécondité inépuisable, et Versailles était le cadre d'une civilisation française à la fois originale et classique, originale en son fond, classique par sa méthode faite de clarté et d'harmonie ; par là une grande époque dans l'histoire de l'humanité. Nous l'avons peut-être un peu méconnue dans l'enseignement, sévères parfois et injustes pour le gouvernement de Louis XIV, parce que nous n'avions pas su lui retrouver sa place dans l'évolution du génie national.

Et par l'effort de la raison peu à peu émancipée de l'autorité et du mystère, les philosophes du

xviii° siècle se donnèrent à l'étude de l'homme en
société, recherchèrent l'esprit des lois, les meilleures conditions du gouvernement des nations ;
les collèges d'alors, notamment ceux des Jésuites,
adoptèrent, mieux que jamais, la forte culture des
humanités, qui représentent en effet la meilleure
nourriture comme la plus efficace discipline de
l'esprit humain, et donnèrent à la France les
grands hommes de la Révolution, pour une étape
décisive dans l'histoire de l'humanité.

LE RAYONNEMENT DE LA FRANCE ROYALE

C'est justement par ses caractères humains, que
la culture française allait avoir un rayonnement
européen, universel. Car il est remarquable que
l'action de la France importe toujours, quelle
qu'elle soit, à l'histoire générale.

Il est vrai que d'autres nations y préparaient
de leur côté des contributions importantes.

L'Angleterre au xvii° siècle cherchait, par une
série de crises politiques et de révolutions, les
lois du régime parlementaire ou du gouvernement
contrôlé ; ses expériences avaient une portée
étendue ; et la France n'y fut pour rien puisqu'au
contraire elle y appuya la réaction de l'autorité.

Mais la condition politique et sociale de l'Allemagne dépendit intimement de la politique française.

Dès Henri II, menacés par l'autorité impériale
de Charles-Quint, les princes protestants allemands
demandèrent que la France prît la protection

des « libertés germaniques » ; moyennant quoi, ils trouvèrent bon qu'elle eût les Trois-Evêchés sous sa souveraineté directe. De même, lorsque l'empereur Ferdinand II voulut imposer à l'Allemagne l'autorité absolue de la maison de Habsbourg, le cardinal de Richelieu intervint pour assurer les libertés germaniques, puisque telle était désormais la tradition politique du gouvernement français, et aux traités de Westphalie les princes allemonds obtinrent ce qu'on appela la « supériorité territoriale », c'est-à-dire qu'ils eurent désormais à l'égard de l'Empereur une véritable indépendance : ceux de la région du Rhin en profitèrent pour s'allier avec la France par une convention formelle.

On a dit que la France trouvait à cette politique les plus sérieux avantages. C'est vrai, mais l'Allemagne aussi. Elle connut sous ce régime 150 ans de paix, de prospérité matérielle et d'une activité intellectuelle remarquable. Il ne serait pas difficile de démontrer que l'Allemagne fut très heureuse au XVIIIᵉ siècle ; le signe le plus manifeste en est dans le très haut degré de civilisation où elle fut alors, puisqu'en vérité son génie y donna ses plus admirables chefs-d'œuvre, ceux de Gœthe, de Schiller, de Wieland et de toute l'Ecole de Weimar. En ce temps-là les historiens prussiens n'avaient pas encore démontré que l'Allemagne avait intérêt à sacrifier ses libertés au militarisme et aux ambitions mondiales.

En ce temps-là la France avait en Allemagne, dans la région rhénane et ailleurs, d'excellentes amitiés ; la maison royale de France s'unissait par

mariages avec les maisons princières de Bade, ou
du Palatinat, ou de la Bavière, ou de la Saxe. Nous
avions de nombreux volontaires dans notre Royal-
Allemand, qui pourrait à certains égards apparaî-
tre comme le précurseur de notre glorieuse légion
étrangère. Et la paix de l'Europe trouvait dans
cette situation générale ses plus solides garanties.

Et l'Italie ? Sous prétexte que le Saint-Empire
Romain Germanique représentait une autorité universelle, elle était sa chose, c'est-à-dire sa pitoyable victime. Combien de fois les empereurs allemands ont-ils conduit leurs barbares invasions
par-dessus les Alpes pour y faire du butin ! Car
l'Italie est une belle et riche proie. Pendant des
siècles, jusqu'à nos jours, l'Italie cria : Fuori i
barbari ! C'est sa plus forte et plus constante tradition.

C'est aussi une tradition française que celle de
la délivrance de l'Italie; on la suit continûment
de François Ier à Henri IV, de Mazarin à
Louis XV, en attendant les événements décisifs du
XIXe siècle.

Dès lors, à travers le monde l'action de la
France s'exerce plus vigoureuse à mesure qu'elle
achève sa constitution territoriale et politique. Au
XVIe siècle, sous François Ier, les capitulations
signées avec la Turquie continuent sous une forme
nouvelle la tradition des Croisades et assurent
la prépondérance de la France dans la Méditerranée.

Le colbertisme ouvre le monde aux entreprises
économiques de la France.

Dans les Indes Orientales, celles d'Asie, Fran-

çois Martin, Dupleix, Bussy, ont fondé des établissements et une politique généreuse dont le souvenir n'est pas perdu.

Dans les Indes Occidentales, celles d'Amérique,
les Jésuites ont fondé le Canada français, Cave-
lier de la Salle a fondé la Louisiane. La France
a secouru les Insurgents d'Amérique et contribué
puissamment à l'indépendance des Etats-Unis,
qui ne l'ont pas oublié. La royauté française y
apparaît donc comme un agent de liberté; cela
paraîtra moins étonnant si l'on constate qu'elle
menait la même politique libératrice en Allemagne
et en Italie, partout.

La France monarchique ou démocratique appelle
les nations à la vie, sollicite tous les génies nationaux au grand travail de la civilisation. La
France, comme la Grèce antique, est une institu-
trice de liberté.

CHAPITRE V

La Nation

L'UNITÉ NATIONALE — L'ÉGALITÉ

La royauté capétienne, qui avait si bien conduit les destinées de la France, commit au XVIII⁰ siècle, peut-être même auparavant, des erreurs qui la précipitèrent en peu de temps à sa ruine.

Son erreur initiale fut de se croire garantie par son droit divin, quand l'esprit philosophique et l'effort de la raison le condamnaient irrémédiablement. Il est vrai qu'il est difficile à la monarchie de droit divin de renoncer à son principe et même d'en comprendre la négation : un grand-prêtre n'est pas hérétique en sa propre religion.

De là découlèrent d'autres erreurs.

Louis XV compromit le prestige même moral de la royauté en des dérèglements où il parut que la France n'occupait pas toutes ses pensées; pourtant, en matière de politique extérieure, l'histoire lui a été trop sévère.

Louis XVI renia inconsciemment tous les principes qui avaient fait dans les siècles la force de la royauté. Elle avait dégagé la France du Saint-Empire, et c'est pourquoi son ennemi séculaire avait été la maison impériale des Habsbourg qui allait continuer à l'être pendant la **Révolution** et le premier Empire. Louis XVI, marié à « l'Autrichienne » fit une politique autrichienne, correspondit en pleine guerre avec la Cour autrichienne, trahit la nation.

La royauté avait été niveleuse ; elle avait émancipé les classes inférieures ; elle les avait peu à peu dégagées des privilèges féodaux, elle avait commencé leur éducation de liberté, et par là elle était restée populaire. Louis XVI confondit sa cause avec celle des privilégiés ; il déclara qu'il n'abandonnerait pas *sa* noblesse, *son* clergé ; il fut entraîné dans leur chute. Il ne comprit pas Mirabeau qui voulait que la royauté restât ou devînt de plus en plus « peuple ». La royauté fut perdue en France parce qu'elle n'était plus la France.

Sa dernière expérience après la Restauration ne devait pas être plus heureuse parce que Charles X eut la même politique.

La nation continua donc son évolution démocratique sans le roi.

Même la plupart des privilégiés l'y aidèrent parce que telle était l'inéluctable loi de la tradition nationale.

Le bas clergé, lors des élections aux Etats-Généraux, assista les roturiers dans la rédaction des Cahiers où palpite naïvement la volonté de la nation. Lui aussi, il avait souffert des privilèges de la Haute-Eglise. Au serment du Jeu de Paume, moines et clercs nouèrent leurs mains avec celles des gens du Tiers ; voyez au tableau de David. Le lendemain, le clergé donna asile aux députés dans l'église Saint-Louis, puisque la salle des Menus était fermée par ordre du roi.

Il accepta même très bien la confiscation des biens de l'Eglise et les mit à la disposition de la nation puisqu'elle en avait besoin. Et il serait resté sans doute l'ami de la Révolution, le christianisme étant foncièrement égalitaire, si la Constituante n'avait pas commis la très grave faute de la Constitution Civile : elle y heurta la conscience du clergé et les lois fondamentales de l'Eglise catholique, et créa entre l'Eglise et la Révolution un schisme qui s'est prolongé jusqu'à nous : est-il irréparable ?

La noblesse ne fut pas non plus toute attachée à ses privilèges de l'ancien régime. Dans les dernières années du XVIIIe siècle, beaucoup de seigneurs quittant la Cour où régnait la Dubarry, étaient retournés dans leurs terres et avaient repris contact avec les populations des campagnes ; ils en avaient connu les besoins et les aspirations et s'étaient préparés aux sacrifices nécessaires. Aussi lorsqu'après le 14 juillet 1789, la plus grande partie de la France fut secouée par la « Grande Peur », et que les roturiers commencèrent de se soulever en masse contre les châteaux, ce furent les nobles qui à l'Assemblée Nationale prirent l'initiative de l'abandon des privilèges, et ce fut la mémorable nuit du 4 août ; une des plus grandes dates de l'histoire des hommes, inauguration de l'ère nouvelle : « grand exemple, dit Michelet, donné par la noblesse expirante à notre aristocratie bourgeoise ! » La formule est toujours bonne.

Dès lors la société française était égalitaire : tous les Français sont égaux devant la Loi. La Constituante se mit aussitôt à la confection du Code de la société moderne ; la Législative, la Convention, les Conseils du Directoire continuèrent son œuvre qui fut achevée par le Consulat ; Bonaparte y apporta ses vues personnelles. Ce fut le Code Napoléon, que nous appelons le Code Civil, un monument incomparable dans toute l'histoire des hommes et qui fut une lumière pour toute l'humanité, l'Evangile des temps nouveaux.

Les assemblées révolutionnaires y avaient surtout exploité et ordonné le chaos des coutumes des diverses provinces. Bonaparte semble y avoir apporté surtout l'influence de la loi romaine ; du moins il en précisa l'autorité. Là encore c'était le retour à l'éducation classique venue par la *Gallia* et par la Renaissance, le retour à la civilisation méditerranéenne.

D'autres réalisations démocratiques furent entraînées par celle-là. Le roturier, qui à force de travail avait commencé de relever son front sur la glèbe, acheva son émancipation. Non seulement il conquit la terre, car la plupart des domaines de l'Eglise représentés d'abord par des assignats, furent achetés peu à peu par lui ; mais sa terre considérablement agrandie fut en même temps libérée de tout servage et de la lourde charge des droits féodaux : l'homme libre sur sa terre libre. Ce fut l'assise inébranlable, la loi décisive de la France nouvelle, la plus forte démocratie rurale qui soit au monde. Le paysan libéré fut un invincible soldat de la liberté et de la patrie ; il se dressa sur son sillon, en sabots, le fusil au poing, pour chasser loin de la frontière les « hordes d'esclaves » envoyées contre lui « par les rois conjurés ».

Il sauva la Révolution. Car la Restauration elle-même ne put rien contre lui. Il garda sa terre, malgré les menaces et les chantages, et il vient de sauver encore sa terre et la Révolution contre les hordes du Kaiser.

Naturellement la bourgeoisie eut le pouvoir, où les rois l'avaient appelée depuis trois cents ans. Sauf ce que nous venons de dire de la condition des terres, elle organisa la Révolution à sa manière et à son profit. Elle avait été jusque-là, surtout au XVIIIe siècle, une élite de culture ; elle tendit déjà à être une élite de la fortune. Elle refusa de réaliser la démocratie, et, malgré la furieuse colère de Robespierre, la Constituante répartit les droits politiques en proportion du montant des impôts, distinguant les citoyens passifs, les citoyens actifs et les électeurs ; encore trois classes, comme avant la Révolution, séparées par des intérêts, et non plus par la naissance. Et malgré la Convention, qui fut démocratique et dont les excès compromirent la démocratie, la Révolution demeura bourgeoise, l'Empire s'appuya sur les classes aisées ; après la Restauration, le régime de Juillet fut bourgeois, c'est-à-dire ploutocratique, et il y a encore dans notre République démocratique de grands privilèges attachés à la fortune.

Il y a donc encore à faire à cet égard. Mais il y a toujours à faire, et la perfection n'est pas de ce monde et la vie de la terre est faite de luttes et d'efforts constants et rudes.

Quand même, l'œuvre sociale de la Révolution avait des caractères décisifs. Il arrive d'ailleurs que le privilège de la fortune ait été gagné par le travail, par le mérite, et qu'il se trouve ainsi justifié. Et l'évolution démocratique se trouva assurée et même accélérée par le développement de l'instruction. La Révolution, surtout la Convention en 1793, a fait à cet égard un effort merveilleux, qui ne fut pas soutenu par les régimes qui l'ont suivi, non pas même absolument par le régime actuel : elle assura l'instruction intégrale de tous les jeunes français, non pas en proportion de leur fortune, mais en proportion de leur mérite.

Elle faisait beaucoup ainsi pour la fusion des classes et pour l'unité de la nation : elle nous en laisse la leçon.

L'ÉTAT DÉMOCRATIQUE

Les Français de la Révolution ont eu le sentiment fervent, sinon la conscience très nette de l'unité nationale. Ils ont eu la religion de la Nation, et elle apparaît chez eux comme l'achèvement, ou du moins comme une étape capitale de l'évolution que nous avons suivie à travers les siècles.

Depuis le 4 août, la nation se définit une fédération d'hommes libres. Mais la France était encore composée de provinces diverses, avec leurs mœurs et leurs institutions particulières, « une agrégation incohérente de peuples inconstitués », avait dit Mirabeau.

La chaleur du sentiment national fondit toutes ces petites patries dans la communion de la grande patrie. Il est admirable le mouvement qui jeta alors tous les Français spontanément dans les bras les uns des autres. Il commença, croit-on, dans la vallée du Rhône, dans le pays de Valence ; mais il répondait à une volonté unanime ; de villages en villages, de bailliages en bailliages, de provinces en provinces, des « fédérations » s'organisèrent, en vérité, à travers toute la France. La manifestation fut particulièrement significative en Alsace, où furent effacées, dans l'unanimité des cœurs et des volontés, les coutumes ou les institutions qui la distinguaient encore du reste de la France.

Le mot de « fédération » est d'une signification pleine et féconde ; il faut toujours rappeler qu'il veut dire « pacte d'alliance », et l'image en est le mieux exprimée par le faisceau lié dans les couleurs nationales, qui demeure depuis le plus beau symbole de la France et de la République.

Aussi la fête du 14 juillet 1790, née de la nuit du 4 août et de la fusion des provinces distinctes en départements semblables demeure la plus heureuse manifestation de l'histoire de la Révolution. Il y a là une sorte de point culminant de l'histoire de France, une grande espérance pour toute l'humanité.

Sur le Champ de Mars à Paris, où par le travail volontaire de tous, hommes ou femmes, nobles ou bourgeois, clercs ou roturiers, avait été dressé en quelques jours l'autel de la patrie, en présence de la famille royale qui n'avait pas encore perdu sa popularité, des gardes nationaux venus de tous les départements se rangèrent sous leurs oriflammes nouvelles, et après un service religieux qui fut célébré par Talleyrand, évêque d'Autun. membre de la Constituante, prêtèrent solennellement le serment de fidélité à la nation, à la loi et au roi.

Tous les cœurs battaient de l'amour sacré de la patrie.

Et lorsque les rois levèrent leurs armées contre la France, lorsque la patrie fut en danger, la *Marseillaise* entraîna à la frontière les volontaires de la nation, et du haut du plateau de Valmy, ils chassèrent l'envahisseur prussien au cri de « Vive la Nation. » — « De ce jour, dit Gœthe, date une nouvelle ère dans l'histoire du monde. »

La France a connu bien des épreuves depuis ; elle a eu les constitutions les plus différentes ; elle a modifié de toutes les manières ses institutions politiques ; elle a fait les expériences sociales les plus délicates et les plus dramatiques. Sous toute cette agitation, il y a toujours eu le plus vif sentiment de l'unité nationale ; il n'a fait que se fortifier dans la pratique de la liberté et il devait faire sa preuve la plus glorieuse dans la grande guerre. Il faut en tenir grand compte, parmi les querelles des partis, si l'on veut comprendre les caractères essentiels de notre histoire contemporaine.

Depuis la Révolution, par suite des phénomènes d'évolution qui s'étaient développés à travers tous les siècles de son histoire, la France est une, et quand sa vie est menacée, elle est unanime : une personnalité morale très fortement constituée.

Il est vrai que les institutions politiques n'expriment pas toujours parfaitement ce sentiment national ; et la France a usé depuis 1791 d'un grand nombre de constitutions. Du moins, lors de la Révolution, elle a voulu exprimer l'unité de la nation par un régime politique unitaire et par la constitution d'un Etat démocratique. Ce fut une recherche difficile à cause des prétentions philosophiques de quelques Constituants, et ensuite à cause des préoccupations que suscita la guerre prolongée contre les rois de l'Europe.

Du moins la Constituante appela à la Législative des représentants de tous les départements, élus de la même manière, selon les mêmes conditions de suffrage. Mais elle laissa à ces départements une autonomie totale, et ainsi elle dispersa la notion de l'Etat exécutif en une poussière de Républiques. La Convention, sous la menace de l'invasion étrangère, sentit le danger d'une pareille dissolution, et sous la pression des circonstances, elle fonda la dictature de l'Etat révolutionnaire. En somme elle achevait, au feu de la guerre, la centralisation administrative et politique à laquelle la royauté avait doucement préparé la France. Ce fut la République Une et Indivisible.

Et le Consulat cristallisa cette expérience accidentelle en une centralisation définitive, qui fut, dès lors, le propre caractère de l'Etat français, agent d'exécution de la nation française, tel à peu près qu'il devait se comporter jusqu'à nos jours.

L'Etat que fonda Napoléon Bonaparte, l'Etat moderne, représente une singulière force d'exécution, et un puissant instrument de l'unité nationale qui s'y acheva. Centralisation financière, tous trésoriers et percepteurs nommés par l'Etat ; centralisation judiciaire, tous magistrats nommés par l'Etat, sauf, pour les juges assis, la garantie de l'inamovibilité ; centralisation universitaire, réalisée par la fondation de l'Université de Paris ; centralisation ecclésiastique et religieuse, assurée par le Concordat ; centralisation administrative, personnifiée par le Conseil d'Etat et par les Préfets : l'Etat français retrouva ainsi, par-dessus les siècles, par-dessus l'émiettement de l'autorité qui avait caractérisé l'histoire générale depuis les invasions, les traits essentiels, comme les termes mêmes de l'Etat romain.

C'est une nouvelle preuve de l'éducation classique que s'était de plus en plus donnée la France ; elle s'exprime aussi naturellement dans les formes du langage, dans les monuments, la colonne Vendôme, l'Arc de Triomphe qui ont donné à Paris cette même marque ; c'est l'Etat démocratique classique, tel que l'antiquité l'avait enseigné, doué toujours d'une incomparable puissance d'action et d'expansion.

LES FRONTIÈRES DE LA NATION

Comme il était le fondateur de l'Etat français, préparé par l'évolution historique, Napoléon en fut la plus forte personnification individuelle. Son génie est tout d'organisation démocratique, et c'est pourquoi il faut le réintégrer dans le bloc de notre histoire nationale.

Pauvre enseignement que celui qui s'est ingénié depuis quelques années à le bannir, à l'excommunier : hérésie scientifique plus encore que patriotique.

Déjà la République avait achevé le cadre naturel de la nation, dans ses limites géographiques des Alpes et du Rhin ; les immortels soldats de l'an II avaient gagné la ligne entière du grand fleuve et y avaient établi la garde de la France.

Droit de conquête, dit-on dans beaucoup de nos écoles, il faut le réprouver. — Singulière inintelligence des lois de l'histoire. Alors, droit de conquête, à réprouver, que celui qui nous avait donné l'Alsace ou Strasbourg, ou la Franche-Comté ? Laissons ces misères, dont notre enseignement historique est encore trop souvent compromis : les abstractions philosophiques des partis, les théories humanitaires les plus étranges, ne peuvent que troubler la connaissance du passé et briser la glorieuse chaîne de nos traditions.

Heureusement les faits sont solides, inattaquables même à la chimie de la prétendue science germanique. Voici les faits :

Les rois de l'Europe attaquèrent la France républicaine parce que les principes de la Révolution menaçaient leurs couronnes et les privilèges féodaux. La République se défendit et vainquit les rois ; elle réunit les pays de la rive gauche du Rhin, malgré la « faction des anciennes limites ».

c'est-à-dire la faction royaliste qui ne voulait naturellement connaître que la France des rois, et ainsi la frontière du Rhin demeure essentiellement la frontière républicaine de la France : avis à tous les républicains.

Quant aux populations des pays rhénans elles passèrent volontiers de la domination des privilégiés féodaux et du Saint-Empire sous l'administration de la France Républicaine. Elles lui étaient unies d'avance par la parenté de race, par la communauté de culture gallo-romaine, par d'amicales relations séculaires. Elles furent heureuses sous le gouvernement de la République et de l'Empire ; elles eurent d'habiles administrateurs, dont elles ont gardé le plus touchant souvenir.

Elles ne firent aucune résistance... Je me trompe ; elles résistèrent seulement en 1814 et en 1815 quand la Sainte-Alliance les arracha par violence à la France.

Droit de conquête ? — Oui, vraiment, mais de la meilleure conquête, la conquête des cœurs et des intelligences, la seule qui dure. Les populations rhénanes n'ont pas oublié que la France républicaine leur a apporté jadis la liberté et l'égalité, et le droit de disposer d'elles-mêmes.

LE RAYONNEMENT DE LA RÉVOLUTION

Mais poursuivons le récit des faits, avec toute l'objectivité, comme on dit, qu'ils exigent et qui suffit à les faire valoir.

L'Evangile du Code civil, venu du fond des

siècles, de toute l'évolution sociale et morale de la France, mis en valeur par le génie organisateur de Napoléon, l'Evangile français, rayonna de sa claire lumière sur l'Europe et sur le monde, et s'imposa par la victoire des armes françaises, de telle sorte que la réaction de la Restauration fut impuissante à l'effacer : il marque définitivement l'évolution nouvelle de l'humanité.

L'Allemagne avait reçu de la France ses libertés, et elle vivait, depuis les traités de Wesphalie, sous un régime qui développait tout son génie, capable des plus heureuses contributions au progrès humain. Elle reçut de Napoléon son unité relative, où se prépara l'avènement de sa conscience nationale.

Ce n'est pas un paradoxe : le Recès de la Diète Germanique de 1803, dicté par le premier Consul, ramassa la poussière innombrable des petits Etats allemands en une trentaine de groupes politiques fortement constitués, ceux-là que nous retrouvons depuis sur la carte de l'Allemagne.

L'introduction du Code civil dans les pays rhénans, et dans la plupart des pays de l'Allemagne proprement dite qui entrèrent dans la Confédération du Rhin, leur donna une unité foncière qui n'a pas cessé de les distinguer des pays de la couronne de Prusse. Et l'Allemagne eut dès lors une existence propre ; elle était, à son tour enfin, dégagée des formes moyen-âgeuses du Saint-Empire. Dans la plus grande partie de son étendue, elle porte la marque profonde de la Révolution française.

La Pologne avait été mise au tombeau par la

Sainte Trinité de puissances de proie qui allait devenir la Sainte-Alliance. Napoléon la ressuscita un moment, sous le nom de Grand Duché de Varsovie. Elle fut toute renouvelée, elle aussi, par le Code civil de France. Les idées démocratiques y exaltèrent au plus haut degré le sentiment national. Et elle a gardé le culte fidèle de son Libérateur.

L'Italie porte toujours les couleurs napoléoniennes. C'est lui qui lui a donné le vert de son drapeau. Elle lui doit en vérité son unité, son nom même. C'était à Lyon, au mois de janvier 1802 ; les députés de la République cisalpine y étaient réunis en Consulte pour l'établissement de la Constitution ; ils élurent Bonaparte pour leur président; il répondit qu'il acceptait ce titre de président de la République *Italienne*. A ce mot, à cette évocation de l'Italie, l'enthousiasme fut immense, délirant ; toute une conscience nationale s'éveillait : l'Italie était née.

Puis il y eut un royaume d'Italie ; il y eut des départements italiens réunis à l'Empire français. L'Italie prit son unité fondamentale par le Code civil ; elle se refit à l'image de la France qui lui avait dû jadis, au temps de la Gallia, ses premières leçons d'organisation politique : épisode remarquable dans la reconstitution de la civilisation méditerranéenne.

Napoléon à Sainte-Hélène annonça la prochaine indépendance de l'Italie intégrale ; car il avait porté le coup de mort au Saint-Empire.

Ailleurs encore on trouverait le souvenir durable de son action démocratique. La campagne d'Egypte est le premier acte du réveil de l'Egypte moderne, si longtemps endormie, ensevelie dans le sable. Il y a aux Iles Ioniennes qui furent françaises pendant plusieurs années après le traité de Campo-Formio, des impressions napoléoniennes très curieuses.

Si l'esprit de parti empêche encore quelquefois en France de lui rendre justice, partout ailleurs il apparaît comme le héros de la Révolution, le champion glorieux des principes démocratiques, le prophète des temps nouveaux.

Sans doute l'unité impériale où il voulut englober toute l'Europe déborda et ainsi compromit l'unité nationale, et son ambition appela la réaction de l'Europe sur la France, qui y perdit ses frontières naturelles, et c'est pourquoi beaucoup de Français lui sont restés sévères, les mêmes d'ailleurs qui reprochaient à la Convention de les avoir conquises.

En effet, il faut rappeler ici le sénatus-consulte du 17 février 1810, que les historiens n'ont pas jusqu'ici suffisamment mis en valeur ; il y était établi que Rome était réunie à l'Empire, que Rome serait la seconde ville de l'Empire, que le fils aîné de l'Empereur s'appellerait le roi de Rome, qu'un haut dignitaire serait installé à Rome pour y tenir la Cour impériale, et que dans la dixième année de son règne, l'Empereur couronné à Notre-Dame de Paris le serait une seconde fois en l'église Saint-Pierre de Rome.

Avant la dixième année de son règne (1814), Napoléon entreprit la campagne de Russie. Maître de l'Occident, il voulait organiser l'Orient

pour y achever l'Empire, pour reconstituer ainsi
l'empire romain de la Méditerranée, comme César
après Pharsale. « Je suis, disait-il à Maret en
1812, de la race des Césars, et de la meilleure, de
ceux qui fondent. » Rien de plus exact ; malgré le
désastre de Russie et quoiqu'il n'ait jamais vu
Rome, il est le fondateur de l'Europe démocratique.

Et cette grande histoire de la Révolution et de
l'Empire annonçait et préparait l'unité démocratique du monde entier : indépendance des Etats-
Unis de l'Amérique du Nord, indépendance des
colonies espagnoles de l'Amérique du Sud ; de
1775 à 1825, les cinquante années de la liberté
américaine presque totale !

L'histoire va prendre désormais un caractère
universel, selon les leçons de la Révolution française qui ne sont que les principes lentement élaborés
de toute civilisation, de la civilisation.

CHAPITRE VI

Les Révolutions Nationales

LA RÉVOLUTION CONTRE LA SAINTE-ALLIANCE

Dans l'hégémonie autrichienne qui s'affirme par
la Sainte-Alliance, comme dans l'hégémonie prussienne qui y succéda, il est facile de reconnaître
la persistance du principe du Saint-Empire
Romain Germanique, l'autorité venue d'en-haut
pour réprimer tous les efforts de liberté ; pas
d'autre méthode de gouvernement que la force.

Metternich se proclamait « l'homme de ce qui
était ». Son souverain François II disait à des
professeurs du gymnase de Laybach : « Tenons-
nous-en à ce qui est ancien, car cela est bon, et
nos aïeux s'en sont bien trouvés. » Toute perfection était donc dans l'ancien régime ; toute politique était dans la restauration ; la philosophie
de Metternich est dans la négation absolue de
l'évolution continue, par où l'humanité se distingue de l'animalité, l'intelligence de l'instinct ;
mais ces hommes de la Sainte-Alliance étaient

trop petits pour arrêter la marche inéluctable des événements.

Tout de suite il leur fallut réprimer partout des tentatives révolutionnaires ; en Allemagne, les Universités furent surveillées de près et un espionnage serré y fut organisé. En Italie, en Espagne, en Pologne, dans toute l'Europe, le mot d'ordre fut de réprimer, réprimer. Mais pour parler un peu le langage du temps, le volcan révolutionnaire grondait, et de nouvelles et formidables explosions étaient à prévoir.

Napoléon était aux fers, à Sainte-Hélène ; mais avec Béranger l'on chanta sa gloire, sous le chaume, bien longtemps, et Victor Hugo célébrait magnifiquement l'immortelle épopée. Les cendres mêmes de l'Empereur avaient une vertu révolutionnaire.

La France était mutilée de tout le pays rhénan, malgré les protestations des habitants dont naturellement la Sainte-Alliance ne tint aucun compte. Au lieu de voisins amis, la France eut sur sa frontière du nord-est la Prusse rhénane toute prête à se jeter encore, toujours, sur elle. La vieille frontière de France, jadis organisée par Vauban, fut brisée en plusieurs morceaux, par les brèches qui y furent pratiquées à Philippeville et Marienbourg, Bouillon, Sarrelouis et Sarrebrück, Landau : il fallait bien que la France, la France de la Révolution et de Napoléon fût mise dans l'impuissance de nuire, même dans l'impossibilité de se défendre.

Quand même, elle resta le chaud foyer de la liberté. La France d'alors, au lendemain de Waterloo, c'est la Liberté de Delacroix, la vigoureuse héroïne des barricades. C'est toute la formule de l'histoire de la France qui désormais ne peut plus être séparée de l'histoire universelle.

Malgré la Restauration de Louis XVIII, dit le Bien-Aimé sans doute parce que la France ne le connaissait même pas, la France conserva les principes démocratiques que la Révolution avait formulés et qui restèrent la condition de l'évolution nouvelle. Elle garda la centralisation administrative que Bonaparte avait si fortement organisée pendant le Consulat. « Décidément, disait Louis XVIII qui avait de l'esprit, ce Buonaparte était un bon locataire. »

Il ne fut rien changé au Code civil, pourtant fondé sur l'égalité de tous devant la loi et l'abolition de tous privilèges de classes. Lorsque les émigrés d'autrefois eurent reçu le milliard de leur indemnité et lorsque l'Eglise, par des lois nouvelles, eut recouvré le droit d'acquérir des biens, les paysans gardèrent leurs champs, et l'équilibre social que la France tenait de la Révolution ne fut pas modifié.

Cependant le monde commença de connaître alors une Révolution économique qui allait très vite le bouleverser profondément. Ce fut l'avènement du machinisme, le début de l'âge industriel qui va nécessiter, de génération en génération, toute une organisation nouvelle de l'univers. Révolution d'immense conséquence et bienfaisante sans doute quand les hommes auront su en aménager les éléments et les résultats.

On a calculé, écrit M. Jean Izoulet, que le

nombre de chevaux-vapeur actuellement possédés par l'industrie équivaut à un milliard d'hommes ; c'est dire que l'humanité a, maintenant, à son service un milliard d'esclaves de fer. La civilisation antique, c'était une poignée d'hommes libres portés sur un monde d'esclaves. Dans la civilisation moderne issue du machinisme, l'humanité tout entière sera la poignée d'hommes libres, et la matière sera la multitude d'esclaves. La foule sera rachetée, affranchie, remplacée, dans son douloureux rôle d'Atlas portant le ciel, par l'insensible et infatigable armée des forces naturelles. Ce n'est plus de pauvre chair saignante, mais de métal brut que seront construits désormais les soubassements de la cité humaine. L'homme ne doit plus être que l'œil qui voit et le doigt qui dirige. La frêle et pensive créature a capté l'ouragan des force cosmiques et dressé à son service une armée immense de monstres de fer (*La Cité Moderne*).

Tableau magnifique, mais idéalisé : il faut le faire descendre aux réalisations.

La pensée française y travailla dès le moment. Les philosophes de l'Ecole Saint-Simonienne, puis Charles Fourier, Proudhon, y étudièrent avec une pénétration scientifique admirable, réchauffée par le plus généreux sentiment de la fraternité humaine. Ils établirent que le *Globe* renferme de si abondantes richesses minérales et végétales que toute l'humanité, si nombreuse qu'elle soit, peut être assurée d'y trouver le bien-être, pourvu que le travail d'exploitation soit harmonieusement réglé, et surtout pourvu que toutes les facultés et tous les efforts de l'homme soient associés. Ils estimèrent que la libre activité de l'humanité est capable d'accomplir des miracles de production.

La liberté organisée, n'est-ce pas tout le problème politique et social des temps présents ? Et la France se mit à l'œuvre nouvelle avec une merveilleuse ardeur.

Et d'abord elle chercha un régime politique capable de régler, de discipliner, pour qu'elle fût féconde, cette décisive évolution sociale. La Charte de 1814 ne fut naturellement pas démocratique, elle réserva surtout aux grands propriétaires fonciers le privilège de l'électorat et de l'éligibilité ; du moins elle introduisit en France les institutions parlementaires, c'est-à-dire le principe de la responsabilité ministérielle, ou de l'autorité contrôlée. Et il semble par l'expérience qu'en ont faite l'Angleterre depuis le XVII° siècle et la France depuis cent ans, que ce système parlementaire garantisse le mieux dans l'ordre les libertés publiques.

La Révolution de juillet 1830 ne donna pas au peuple « une pomme de terre de plus », comme disait le père Enfantin. Du moins, elle élargit le privilège politique, elle augmenta « le pays légal » au profit de la bourgeoisie. Ce fut « le règne de l'argent » et l'argent n'est pas forcément la marque de l'élite. La bourgeoisie, maîtresse plus que jamais du pouvoir, ne s'en servit guère que pour la garantie de ses intérêts particuliers et prétendit nier la question sociale. Elle se perdit dans le système de la corruption électorale et parlementaire, et attira sur elle et sur Louis-Philippe lui-même « la révolution du mépris ».

Alors la France essaya d'instituer le gouvernement direct du peuple par le peuple, et Lamar-
tine, le poète de la Révolution de 1848, eut une
foi quasi-religieuse dans les vertus naturelles et
les lumières providentielles du Peuple souverain.
Il ne comprit pas que le Peuple, composé d'individus imparfaits, ne peut pas être parfait, que
la science politique est infiniment délicate, ne
s'improvise pas et nécessite de grandes qualités
d'expérience et d'intelligence, et qu'il aurait fallu
d'abord, et d'urgence, instituer l'instruction universelle pour éclairer le suffrage universel :
c'était la pensée de son collègue Hippolyte Car-
not, mais les événements ne lui laissèrent pas le
temps de l'appliquer.

Et le Peuple, nourri depuis Waterloo de la
légende de Sainte-Hélène, acclama un nouveau
Napoléon et lui confia ses destinées. Il aima
mieux être gouverné que de se gouverner ; sans
doute il n'était pas encore mûr pour la liberté.

Du moins la France s'attachait, de plus en
plus, sous des formes diverses, au régime démocratique, et ainsi elle était d'accord avec l'universel « risorgimento », qui dans toute l'Europe
soulevait contre la Sainte-Alliance et le système
de Metternich, l'invincible bouillonnement des
révolutions nationales.

LES ASPIRATIONS NATIONALES

Le grand souffle de liberté, né de la Révolution
de 1789, bouleversa rapidement la condition politique et sociale de l'humanité.

L'esclavage était condamné et l'on commençait de poursuivre efficacement la traite. Le servage était aboli dans l'Europe centrale et bientôt en Russie.

Des constitutions libérales s'instituaient partout, dans les Etats d'Italie, dans les Etats allemands.

Partout la carte politique de l'Europe fut transformée, dans le demi-siècle qui suivit Waterloo, par des mouvements nationaux, où la France ne cessa pas de jouer un rôle considérable, car elle n'avait pas tardé à reprendre sa politique rayonnante : la France est une lumière, elle ne peut pas ne pas briller.

Quinze ans après la chute du premier Empire, elle prenait Alger ; à la fin du règne de Louis-Philippe, elle avait toute l'Algérie. Dès Napoléon III, on parlait d'un royaume arabe, librement allié de la France : c'était prématuré. Tout de même, il est vrai que de là date le réveil du monde arabe, pour lequel l'opinion française, après les Saint-Simoniens et Napoléon III, montra toujours de grandes sympathies, et qui est de nature à changer profondément la physionomie de la région méditerranéenne.

Nous célébrerons magnifiquement, en 1930, le centenaire de la prise d'Alger ; maîtresse, de Dunkerque à l'Equateur, d'un des plus vastes et plus riches empires de la terre, la France y montrera le modèle achevé d'une organisation politique et économique habile à l'exploitation des ressources du sol et respectueuse des mœurs et des croyances de toutes les populations. Car la

République française se prépare à être de nouveau, dans les années qui viennent, une éducatrice de liberté et de fraternité.

Sous Louis XVIII, la France fut le soldat de la Sainte-Alliance contre les libéraux d'Espagne : une erreur qui ne dura pas. Elle ne put pas secourir la Pologne en 1830 ; mais les sympathies des deux nations s'affirmèrent avec une grande ardeur pendant toute la génération qui suivit ; beaucoup de mouvements populaires du temps de Louis-Philippe se soulevèrent aux cris de : Vive la Pologne !

L'intervention française eut plus de succès ailleurs.

En Grèce, dès le lendemain de la grande insurrection de mars 1821, les plus grands poètes de France chantèrent l'hymne de la liberté grecque ; Eugène Delacroix s'inspira des *Massacres de Chio*, et Ingres de l'*Apothéose d'Homère*. Toute l'opinion française alors fut pour la Grèce, les catholiques parce qu'ils y voyaient une croisade, les libéraux parce qu'ils applaudissaient à l'émancipation d'une grande nation longtemps esclave, les uns et les autres par une reconnaissance inconsciente et profonde pour l'illustre mère des humanités.

La France fut à côté de l'Angleterre et de la Russie à Navarin et, avec la Russie, elle eut la joie et la gloire d'achever la libération de la Grèce. Elle eût voulu dès lors réaliser la Grande Idée, c'est-à-dire l'émancipation totale de tous les Grecs irrédimés ; les complications de la politique internationale et les intérêts contradictoires ne le permirent pas encore. La tradition de l'amitié de la France et de la Grèce est maintenant séculaire ; il faut espérer que l'une et l'autre y resteront fidèles.

On retrouve la France dans la Révolution belge de 1830 ; elle y représente encore contre la Sainte-Alliance le droit des peuples à disposer d'eux-mêmes. Elle y intervint par les armes, et ce fut le maréchal Gérard qui chassa les Hollandais d'Anvers. Elle y intervint par la diplomatie ; elle y installa un roi ami, uni à la famille royale ; elle en assura et en garantit la neutralité, et elle devait avoir une occasion dramatique et héroïque de soutenir cette garantie contre une puissance déloyale.

L'Italie, que Napoléon avait appelée à une existence et à une conscience nationale, Metternich prétendit qu'elle ne fût « qu'une expression géographique » : c'est une formule d'autocrate qui ne veut rien connaître des aspirations des peuples. Mais l'Italie avait une âme désormais, et elle voulait vivre. En 1820, elle se souleva contre l'oppression autrichienne ; ce furent des soldats de Napoléon ou des fonctionnaires de l'Italie napoléonienne qui conduisirent la tentative révolutionnaire, Guillaume Pepe, Santa Rosa. Ils furent vaincus : Silvio Pellico qui avait osé chanter la liberté italienne fut mis en dure prison ; il y écrivit des poèmes qui furent plus redoutables que les canons autrichiens : toutes les jeunesses libérales de l'Europe y ont appris la haine de la tyrannie.

En 1830, les carbonari recommencèrent la lutte

dans les Romagnes ; il y avait parmi eux les deux fils de Louis-Napoléon.

Et voici ensuite le grand risorgimento. Autour du pape Pie IX d'abord libéral, les néo-catholiques rêvent un moment l'accord de la papauté et de la liberté pour l'indépendance de l'Italie et l'expulsion de la domination autrichienne. Mazzini, Manin, Garibaldi, les hommes de la *Jeune-Italie*, rêvent la République de toute l'Italie qui sera l'image et le noyau de la République universelle. Entre ces grands desseins, le roi du Piémont, Charles-Albert, poursuit son chemin discrètement puis tout à coup, en 1848, il monte à cheval pour la sainte cause de l'Italie et triomphe un moment des Autrichiens à Goïto. Mais l'Italie resta divisée contre elle-même ; la France n'intervint que pour rétablir le pape à Rome. La Révolution fut encore une fois écrasée : « Nous recommencerons ! » s'écria Maxime d'Azeglio.

Cependant Metternich était tombé misérablement du pouvoir devant une émeute d'étudiants ; il avait gouverné l'Autriche pendant quarante ans, et pourtant il ne laissa pas un souvenir bien glorieux ; il n'avait été qu'un pauvre petit obstacle devant l'évolution irrésistible des aspirations nationales.

L'Allemagne enfin se réalisa en une nation, du moins pendant quelques semaines.

La Révolution allemande de 1848 est particulièrement intéressante, à la fois libérale et nationale. Elle avait été préparée malgré la Sainte-Alliance et l'opposition de Metternich, par l'évangélisme, par l'union douanière, et davantage

encore par l'action constante des professeurs des
Universités, attachés, depuis Fichte, à la réalisation de la *Germania* dans les esprits et dans les
cœurs ; il est vrai qu'ils allèrent chercher trop
souvent leurs inspirations dans le moyen âge, et
qu'avec eux, le roi de Prusse, Frédéric-Guillaume IV, fut hanté par les souvenirs du Saint-
Empire : ce rapprochement n'était pas sans danger, pour l'Allemagne et pour le monde.

En attendant, l'Allemagne, l'Allemagne allemande, fit une fort belle expérience nationale en
1848. Spontanément, librement, ardemment, elle
exprima ses aspirations, sa volonté dans le Parle-
ment germanique de Francfort ; elle réalisa un
temps son unité, elle se donna une constitution
démocratique ; elle créa le *Reich* allemand. Elle
en offrit le gouvernement, d'elle-même, au roi de
Prusse : il refusa, sous prétexte que la couronne
ne pouvait lui être donnée que par ses pareils,
qu'elle ne pouvait être que de droit divin.

L'unité allemande, telle qu'elle s'offrait ainsi
naturelle et pacifique, échoua. Ce fut dommage :
« L'Allemagne, dit tristement Gervinus, fut obligée de passer sa tête sous le joug de fer prussien. » L'Europe allait entrer dans l'âge de fer.

LE PRINCIPE DES NATIONALITÉS

Dans les années qui suivirent, le principe des
nationalités, en ses applications diverses, trans-
forma profondément la carte de l'Europe, et la
France naturellement y joua un rôle éminent.

Nous n'essaierons pas de le définir ; en France nous y voyons le droit des peuples à disposer d'eux-mêmes, et pour nous une nation est une communion des cœurs et des volontés, une fédération d'hommes libres ; c'est-à-dire que pour nous le principe des nationalités est une conséquence des principes de 1789, une extension de la Fédération du 14 juillet 1790. Mais nous sommes bien obligés de constater que cette interprétation n'est pas universelle.

Napoléon III, héritier, en cela aussi, de la pensée de Napoléon Ier, est l'homme qui a le mieux personnifié la formule française.

Lors de la guerre de Crimée, il empêcha la Russie d'établir sa suprématie sur l'empire ottoman, et en effet les populations de cet empire ne sont pas de nationalité russe ; il faut que les nations des Balkans aient le droit de disposer d'elles-mêmes, de ne pas passer de la domination turque à la domination russe.

D'autre part, il faut que les nationalités chrétiennes continuent de se dégager de l'oppression de la Porte, et dès le traité de Paris, qui mit fin à la guerre de Crimée, les principautés de Moldavie et de Valachie furent appelées à l'autonomie, et par l'intervention soutenue de la France, elles formèrent, comme elles le voulaient, une seule nation, la Roumanie, sous le gouvernement de Charles ou Carol de Hohenzollern. On peut bien dire que la politique de la France était, en la circonstance, parfaitement désintéressée.

Un peu plus tard, en même temps que la Serbie s'agrandissait vers ses limites nationales, la Bulgarie naissait des victoires russes sur la Turquie, d'abord comme le boulevard de la Russie dans la direction de la Méditerranée ; mais elle ne devait pas se satisfaire longtemps de ce rôle secondaire.

L'Italie acheva de réaliser son indépendance, grâce à l'alliance de la France. Cavour eut la joie d'obtenir le concours personnel de Napoléon III, et il sut en tirer le meilleur parti. Il donna au principe des nationalités son application libérale, fondée sur la volonté des populations consultées. Il réalisa l'Italie par des plébiscites et jamais la doctrine du plébiscite ne fut plus largement comprise.

Les petits Etats de l'Italie centrale, les Légations, le duché de Parme, le grand-duché de Toscane se réunirent au Piémont par plébiscites. La Savoie et Nice furent réunies à la France par plébiscite. Lorsque « les blouses rouges » de Garibaldi eurent enlevé les Deux-Siciles aux Bourbons, les populations se réunirent au Piémont par plébiscite et c'est par la volonté de la nation italienne que Victor-Emmanuel II, roi de Piémont, devint roi d'Italie.

Il est vrai que Napoléon III ne voulut pas abandonner le pape et reconnaître Rome pour la capitale de l'Italie ; il en résulta entre la France et l'Italie le grave conflit de Mentana. Mais lorsque l'Empire eut été renversé à Sedan, Rome devint la capitale de l'Italie par la volonté de ses populations librement consultées dans un plébiscite.

Il ne restait plus que Trieste et Trente à « racheter ». Le principe des nationalités y attendit encore cinquante ans son application.

En Allemagne, sous Bismarck, le principe des nationalités ne fut employé que comme un instrument de violence.

Déjà la Prusse ne possédait la Posnanie que contre la volonté de ses populations, ses malheureuses populations polonaises. Elle prit encore le Sleswig-Holstein au Danemark et refusa de consulter ses populations. Elle prit l'Alsace-Lorraine à la France malgré la protestation si émouvante des populations.

L'unité allemande se trouva achevée, mais il s'y trouvait, par la volonté de Bismarck, des injustices qui en compromettaient l'avenir, et qui ne cessèrent de troubler la paix de l'Europe, car il arrive que le droit soit plus fort que la force.

Le principe des nationalités reçut encore d'autres applications d'ailleurs différentes les unes des autres, et plus ou moins complètes.

En Autriche, il y avait plusieurs nationalités distinctes qui entretenaient dans le culte de leur histoire leurs aspirations à l'indépendance. La Hongrie obtint satisfaction, et l'Autriche devint l'Autriche-Hongrie ; mais ni les Allemands d'Autriche, ni les Magyars de Hongrie ne voulurent reconnaître l'indépendance ni même l'autonomie des autres nationalités : injustices et violences qui compromettaient l'avenir de l'Etat dualiste et ne cessèrent de troubler la paix de l'Europe. Car les aspirations nationales renferment en elles une force redoutable parce qu'elle est fondée sur le droit.

Les Etats-Unis représentèrent alors une extraordinaire manifestation du principe des nationalités. Ils formaient, en vérité, vers le milieu du XIX° siècle deux nationalités distinctes par la race, le Nord anglo-saxon et protestant, le Sud latin et catholique ; par les intérêts, le Nord industriel et protectionniste, le Sud agricole et libre-échangiste ; par les mœurs et la condition sociale, le Nord ennemi passionné de l'esclavage, dont les planteurs du Sud croyaient ne pas pouvoir se passer.

Il y avait là les plus fortes raisons nationales à une séparation, à une sécession ; et en effet à l'avènement de Lincoln, le Sud se sépara et forma une confédération particulière. Lincoln ne permit pas aux sudistes de disposer d'eux-mêmes, il voulut les contraindre à rester dans l'Union, par la considération des intérêts supérieurs de la République ; et il leur fit une guerre terrible de quatre ans pour les y obliger. Le ferment moral, qui donna au président Lincoln la force de vaincre et qui cimenta ensuite l'Union, ce fut le haut sentiment de la Liberté Humaine. « Union et abolition », c'était tout le programme de Lincoln. Et l'abolition de l'esclavage en effet a fondé la grandeur des Etats-Unis. Une leçon de l'histoire à retenir : ce sont les forces morales qui mènent le monde.

Cependant les Etats latins de l'Amérique du Sud développaient aussi leurs intérêts nationaux. Le Mexique repoussait l'intervention française, en dépit de la parenté latine. Le Canada s'assurait une autonomie complète.

Faisons le tour de la terre. Le Japon, conscient du danger que lui faisait courir l'impérialisme économique de l'Europe ou de l'Amérique, sortait tout d'un coup de son isolement séculaire, affirmait des qualités admirables, entrait avec une résolution intrépide dans l'ère de *Meiji*, s'élevait en peu d'années au rang des plus grandes puissances, et se préparait à revendiquer pour l'Asie le droit de disposer d'elle-même.

Une ère nouvelle s'ouvrait pour l'Extrême-Orient : elle allait fournir à l'historien des phénomènes singulièrement dramatiques.

L'EXPLOITATION DU GLOBE

Ainsi, jusqu'à Sedan, l'histoire de l'Europe et même du monde fut marquée par le triomphe presque universel, des aspirations nationales, application de ce qu'on est convenu d'appeler les principes de 1789 : nous en avons vu par ailleurs les lointaines origines et la séculaire évolution.

En même temps les économistes et les philosophes, héritiers de ceux du XVIIIe siècle, s'appliquaient à la recherche des lois de l'exploitation du globe.

Jusque-là, l'opinion publique, les mœurs et les premières tentatives de réalisation s'inspiraient surtout de la doctrine libérale dont les Saint-Simoniens avaient été en France les plus fervents apôtres, et qui s'exprimait en Angleterre avec plus de précision par l'Ecole de Manchester, Richard Cobden et John Bright, par la formule du libre-échange, issue du « Laisser-faire, laisser-passer ».

DRIAULT. — Leçons de l'Histoire.   7

Alors se fondèrent partout de grandes associations de capitaux, de puissantes sociétés de crédit, compagnies de chemins de fer, compagnies de navigation, Crédit foncier, Crédit mobilier, Sociétés commerciales ; alors s'organisa tout le mécanisme économique du monde moderne, avec le globe entier comme terrain d'expansion.

Alors la France et l'Angleterre s'efforcèrent de rapprocher harmonieusement leurs intérêts dans les traités libre-échangistes de 1860. Alors s'ouvrirent les grandes routes internationales, les grandes voies transatlantiques.

Alors, le 18 novembre 1869, le Canal de Suez fut inauguré par l'impératrice Eugénie : une des plus grandes dates de l'histoire universelle, un appel à la collaboration pacifique de toutes les nations. Car l'humanité n'avait pas besoin de la science et de la force allemande pour organiser ses ressources matérielles et morales ; et elle s'efforçait de fonder la Paix, dans la liberté et l'harmonie.

Mais il y eut d'abord Sedan.

CHAPITRE VII

L'Impérialisme allemand

LA FRANCE RÉPUBLICAINE

La France vaincue à Sedan put sauver l'honneur grâce aux armées de la Défense Nationale ; mais elle fut mutilée de l'Alsace-Lorraine, malgré la volonté des populations. Ainsi, en même temps, le droit était violé, le droit des peuples à disposer d'eux-mêmes, le droit issu de la Révolution française, et la question posée entre la France et l'Allemagne était une question de droit international et de morale internationale. Elle engageait en vérité l'avenir même de l'humanité.

Pendant quelque temps, la France fut obligée, pour se refaire, de se tenir sur la réserve ; elle s'effaça surtout en Egypte devant l'Angleterre ; elle ne joua qu'un rôle secondaire au congrès de Berlin, qui mit fin en 1878 à la guerre des Balkans ; elle manqua au monde, avec ses qualités exceptionnelles de mesure et de clarté, et la politique générale fut dominée par l'hégémonie allemande.

Quand même, elle poursuivit ses expériences d'organisation démocratique. Ses lois constitutionnelles de 1875 ne sont pas parfaites ; elles ont été le résultat d'un compromis entre les divers partis, et c'est à peine si la forme républicaine du gouvernement y fut d'abord inscrite. Pourtant elles ont prouvé par leur durée leur vitalité ; elles ont été une conciliation en somme heureuse et pratique du principe démocratique exprimé par le suffrage universel et du régime parlementaire qui avait été inauguré par la Restauration et la monarchie de Juillet. Elles ont réalisé le gouvernement démocratique issu du peuple et contrôlé par les représentants du peuple. Elles sont assurément sujettes à corrections, mais elles ont montré des vertus certaines, même dans les épreuves de la guerre.

La République poursuivit aussi ses expériences sociales. Après le drame sanglant de la Commune de Paris, en 1871, elle entra dans la voie des grandes réformes. Elle se donna les lois sociales indispensables ; dès 1884, elle institua les syndicats professionnels et donna ainsi aux ouvriers le moyen de défendre leurs intérêts en face de ceux des employeurs ; elle a, depuis, réalisé une législation ouvrière déjà imposante, toujours soucieuse de concilier la liberté du travail et la justice sociale. Après les haines de classes déchaînées par la philosophie et par la politique allemande, elle ramènera sans doute les travailleurs aux enseignements généreux et féconds du socialisme français d'autrefois.

Cependant la France républicaine reprenait

courageusement sa place parmi les plus grandes puissances. Au lendemain du désastre, elle se tint dans un isolement diplomatique de la plus haute dignité et ne sollicita l'alliance de personne puisque personne ne s'était intéressé à sa cause. Mais elle continua avec la même vaillance sa politique d'expansion coloniale, en Tunisie, en Indo-Chine, dans le Soudan. Elle s'imposa au respect de tous. Alors son amitié parut précieuse, et ses alliances avec la Russie d'abord, avec l'Angleterre ensuite, lui permirent de tenir en respect l'ennemi implacable qui ne cessait de la guetter parce qu'elle était le droit et qu'il n'était que la force.

LA NATION ALLEMANDE

Car l'Allemagne ne se contenta pas d'être une nation, même la grande nation qu'elle était devenue après Sedan, la plus grande ou du moins la plus puissante nation de la terre. Dès qu'elle eut gagné la victoire, elle se marqua d'impérialisme.

Déjà le Saint Empire Romain Germanique avait eu, par définition, des prétentions à la domination universelle ; il avait eu la suzeraineté de toute la féodalité de l'Europe chrétienne, et l'Allemagne était restée, jusqu'à l'époque contemporaine, impériale et féodale. Même au point de vue économique, la Hanse teutonique avait exercé une sorte de suprématie commerciale dans toute l'Europe du Nord.

Mais l'Allemagne s'était dégagée peu à peu de cet ensemble universel. Il s'y était produit comme ailleurs, comme en France, plus qu'en France, des particularismes régionaux très accentués, Bavière, Saxe, Souabe, électorats rhénans, qui avaient été consacrés par la constitution de la Bulle d'Or de 1356 : dès lors, l'Allemagne, tout en s'appelant le Saint-Empire, fut distincte des autres pays qui en avaient fait partie avec elle. Les libertés locales y furent poussées très loin et se conservèrent à travers les siècles.

La réforme protestante la détacha décidément de Rome et fut la première forme fondamentale de son indépendance nationale. Par là Luther tient une place capitale dans son histoire, la première de toutes ; il en est littéralement le héros fondateur.

Nous avons déjà dit, dans les leçons précédentes, le rôle important joué par la France dans ce développement de la nationalité allemande. Dès la réforme, notre roi Henri II fut appelé par les princes allemands à la protection de leurs libertés. Henri IV fut l'inspirateur, et comme le protecteur de l'Union Evangélique. Le cardinal de Richelieu sauva les libertés allemandes de l'absolutisme des Habsbourg. Mazarin s'allia avec les princes allemands de la Ligue du Rhin. Et grâce à ces libertés, grâce à la prospérité qu'elles lui assurèrent, l'Allemagne prit au xviiie siècle un grand développement intellectuel et économique. L'Ecole de Weimar et la philosophie allemande produisirent quelques-uns des plus beaux chefs-d'œuvre dont s'honore le génie humain.

Il nous faut rappeler encore que la France, que Napoléon plutôt fut pour beaucoup dans l'achèvement territorial de l'unité allemande préparée par la maturité, désormais parfaite, de la langue allemande. C'est Bonaparte qui, en 1803, par la sécularisation de toutes les terres d'Eglise et par la médiatisation de presque toutes les villes libres, groupa toute la terre allemande en une trentaine d'Etats de grandeur moyenne, à peu près ceux que l'on distingue toujours sur la carte de l'Allemagne d'aujourd'hui.

Dès lors le sentiment national allemand se développa et se manifesta avec une force décisive : une sorte d'unité religieuse, du moins au temporel, par l'évangélisme, l'unité économique par le Zollverein, achevèrent de faire de la Germania une nationalité remarquable, expressive et vigoureuse, capable d'apporter les plus heureuses contributions à l'œuvre de la civilisation universelle.

Malheureusement, en 1848, elle ne réussit pas à se donner la constitution politique qui eût été nécessaire à assurer son avenir. Elle se confia à la Prusse : il est bien regrettable que l'Allemagne n'ait pas pu se faire elle-même.

L'ÉTAT MILITAIRE PRUSSIEN

L'unité allemande a été forgée, *ferro et igne*, par l'Etat Prussien.

Il faut définir ici l'Etat Prussien, puisqu'il s'en est fait le noyau et lui a donc imposé ses caractères essentiels.

La Prusse est la fondation des Chevaliers teutoniques, en plein pays slave, en bataille contre les Slaves. Elle n'a pas cessé de projeter dans cette direction ses entreprises guerrières ; elle a toujours ses chevaliers teutoniques parmi les agrariens des pays Baltes. Les grands seigneurs féodaux du pays de Kœnigsberg ou de la Poméranie, à peine différents de leurs ancêtres, ont été toujours dans les siècles les familiers, les conseillers, les gardes-du-corps des Hohenzollern, l'armature de l'Etat prussien.

La Prusse de Kœnigsberg, tombée par sécularisation aux mains des Hohenzollern, et le Brandebourg de Berlin furent réunis au xvii° siècle, sous le vigoureux gouvernement du Grand-Electeur Frédéric-Guillaume. « Celui-là a fait beaucoup. » Il tira de la guerre de Trente ans des profits sérieux, une réelle indépendance à l'égard de l'Empereur, des établissements dans la région du Rhin inférieur. Ainsi déjà il étendait son autorité d'un bout à l'autre de l'Allemagne ; il rapprocha ces domaines épars sous une administration commune ; il imposa à leurs divers Etats l'obéissance envers l'Etat ; il commença de cimenter les éléments dont allait être fait l'Etat prussien. Il fut possible à son fils de prendre le titre de Roi de Prusse, le 18 janvier 1701, et l'Empereur et l'Europe le lui reconnurent.

Puis le roi Frédéric-Guillaume Ier créa l'armée prussienne ; il fut le Roi-Sergent, le roi racoleur et instructeur militaire. Il se donna pour le premier serviteur de l'Etat ; il se fit de l'Etat prussien une sorte d'Etre suprême auquel il donna tout son dévouement et dont il eut le culte fervent. Cette armée fit merveille sous son fils le Grand Frédéric.

Elle tint tête à l'Autriche et lui prit la Silésie. Elle tint tête à la fois à toutes les grandes puissances militaires de l'Europe, France, Autriche, Russie, dans la guerre de Sept ans, et garda la Silésie. La Prusse ainsi fut par Frédéric II élevée au rang des grandes puissances européennes ; elle commença de coudre ses lisières par les partages de la Pologne.

L'Europe était dès lors obligée de compter avec l'Etat prussien. Il avait été en ces deux siècles, XVIIe et XVIIIe siècle, gouverné par des princes remarquables, le Grand-Electeur, le Roi-Sergent, le Grand-Frédéric. Car il n'est que juste de reconnaître que la maison de Hohenzollern a donné à l'Etat prussien jusqu'à nos jours les plus remarquables serviteurs. Il s'est personnifié, identifié en elle. La Prusse, ce fut la Maison de Hohenzollern : ce fut là sa force et sa faiblesse.

Survint la catastrophe d'Iéna. Napoléon souffla sur la Prusse et la Prusse cessa d'exister.

Mais la leçon fut écoutée. La Prusse écrasée fit un effort vigoureux de redressement. Elle arma toute sa jeunesse. Elle fit déjà toute la nation armée. Elle osa même se faire le champion de l'Allemagne contre la domination napoléonienne.

Elle fut aussitôt récompensée : avec Blücher, elle eut Leipzig, la campagne de France, Waterloo. L'armée prussienne avec ses alliés campa à Paris.

L'Etat prussien représentait dès lors un Etat militaire d'une trempe exceptionnelle, mais où il n'y avait aucune place pour la liberté ; car la liberté s'accorde souvent mal avec la discipline.

L'Etat prussien ne fut que militaire, n'eut

qu'une discipline militaire, je veux dire une discipline imposée par l'autorité et non consentie par la liberté. Ce fut l'erreur foncière des théoriciens du militarisme prussien, les Clausewitz, les Bernhardi : l'Etat prussien ne fut qu'une machine de guerre.

Elle fonctionna d'ailleurs merveilleusement pendant tout le xixᵉ siècle : Sadowa, Sedan, la victoire toujours, la victoire sur les adversaires les plus redoutables, la victoire organisée, fixée par la science, comme une certitude mathématique.

Le 18 janvier 1871, le roi de Prusse devint l'empereur allemand par le droit du poing ou de la force militaire. L'Allemagne entière fut enrôlée dans l'armée prussienne : l'Etat militaire prussien devint l'Etat militaire allemand ; le danger fut formidable pour les libertés du monde.

Bismarck donna à l'Allemagne unifiée une constitution qui laissait toute l'autorité au Kaiser, le chef de guerre, *Kriegsherr*. L'Allemagne oublia sous cette discipline ses vertus humaines ; énivrée de victoires, de promesses de butin et de gloire mondiale, elle s'abandonna à la Prusse qui lui offrait de refaire avec elle le Saint-Empire universel.

Philosophes et historiens, à la façon de Méphistophélès, si ce n'est qu'ils étaient eux-mêmes affolés d'orgueil, formèrent l'âme allemande à la conception et à la préparation de ce grand dessein mondial. Treitschke dressa la doctrine de l'Etatisme comme seule capable d'organiser les sociétés humaines. Mommsen éleva à l'empire romain un monument grandiose, parce qu'il y voyait la forme première de l'empire allemand.

La légende populaire servit cette éducation d'entraînement impérialiste. Frédéric-Barberousse parut réincarné dans Guillaume Ier. L'esprit allemand se nourrit de mysticisme, se replongea aux fables fantastiques des Niebelungen, y retrouva ses héros de prédilection, Siegfried, Attila ; un fils de Guillaume II fut appelé Eitel, Attila.

La Prusse, avec sa cuirasse étincelante et son épée flamboyante, apparut comme l'instrument de Dieu, du vieux Bon Dieu allemand, pour l'organisation de la Création sous le regard du Créateur. L'Allemagne entière fut toute frémissante d'orgueil et d'émotion religieuse à la pensée qu'elle était la nation élue.

Comme au peuple de Moïse du haut du Sinaï, la Terre lui était promise.

LA DOCTRINE PANGERMANISTE

Dès lors, en effet, la race allemande put se donner pour la race supérieure. Nietzsche développa, avec un éclat merveilleux, la doctrine du « surhomme », que d'ailleurs il ne définissait pas par l'Allemand. Le peuple allemand se crut vraiment le « surpeuple ». Que de mots barbares en ce mysticisme germanique ! Sans doute, parce qu'il était lui-même barbare, ayant perdu la mesure, la claire vision des réalités, la sagesse de la raison humaine.

Il adopta et s'adapta la théorie d'Arthur de

Gobineau sur la supériorité naturelle et organique de la race germanique, quoiqu'il y fût surtout question de la famille anglo-saxonne, ce qui aurait dû faire réfléchir les Germains d'Allemagne. Mais M. Houston Charberlain précisait en ce sens mieux que Gobineau, c'est-à-dire absolument en faveur des Germains d'Allemagne : ils se rassurèrent donc.

Et le monde entier commença de constater, non sans inquiétude, une hypertrophie colossale du moi allemand, pour parler leur langage. On retrouverait, dans ce pangermanisme philosophique, comme dit M. Charles Andler, un fond d'orgueil protestant, Luther contre Rome, la kultur contre la civilisation gréco-latine. Car beaucoup d'Allemands se sont persuadé que la civilisation méditerranéenne avait épuisé sa valeur, qu'elle n'avait pu convenir qu'à une partie restreinte de la terre, et qu'elle était incapable désormais d'organiser le monde.

Justement, et comme par une manifestation de la volonté divine, juste au moment où l'humanité entrait dans l'ère nouvelle du machinisme et de la grande industrie, l'Allemagne se put assurer, grâce aux richesses de son sol, une puissance économique exceptionnelle. La légendaire forêt hercynienne, source insondable de tout le génie allemand, lui livra les moyens d'une force incomparable, mit en ses mains le formidable marteau de Thor.

Des mines de houille en Wesphalie, en Saxe, en Silésie, encore de la houille dans la Sarre, et tout le fer de la Lorraine, grâce aux victoires sur la

France, l'Allemagne devint un gigantesque laboratoire d'impérialisme où le Docteur Faust se prépara la jouissance de tous les biens de la terre.

Elle exploita ces ressources à outrance ; son hypertrophie philosophique devint une hypertrophie économique. Elle n'eut aucun souci de la mesure ou de la proportion. Elle produisit, elle produisit, de quoi suffire aux besoins du monde entier, sans songer que d'autres travaillaient et produisaient.

A cette production déréglée, il fallut des débouchés, et rien que l'univers entier était capable d'y suffire. Elle résolut de conquérir le monde. Elle sut se donner une organisation industrielle et commerciale d'une étonnante puissance ; elle eut des écoles professionnelles modèles, des manufactures d'une incomparable discipline ; elle eut des procédés de fabrication et d'expansion qu'elle estima irrésistibles, cartells où elle groupait ses industriels comme des phalanges où tout concourait à la victoire commune, dumpings où l'Etat soutenait directement les attaques brusquées de l'industrie allemande en pays ennemis.

Les produits allemands se répandirent dans l'univers ; même dans les pays producteurs, leur concurrence fut redoutable et le plus souvent victorieuse ; l'Angleterre, les colonies anglaises furent inondées de marchandises d'Allemagne ; la France, malgré son régime protectionniste, ne put échapper à la pénétration allemande ; ses mines de fer de Lorraine ou de Normandie commencèrent de tomber aux mains des Allemands.

L'offensive universelle de l'industrie allemande se développait dans les meilleures conditions.

L'Allemagne prit ainsi dans les premières années du xx⁰ siècle une expansion commerciale extraordinaire. Les chiffres de son commerce extérieur dépassèrent vingt milliards de francs, presque égaux à ceux de l'Angleterre, et sa richesse s'enfla merveilleusement. Ses grandes sociétés financières, comme la *Deutsche Bank*, ses grandes compagnies marchandes, la *Hamburg-America*, le *Norddeutscher Lloyd* de Brême, rappelant et dépassant de beaucoup la Hanse teutonique du moyen âge, couvrirent le globe de leurs entreprises.

Ce fut la *welt-politik*, l'économie politique mondiale. Il ne s'agit plus de nation, de politique nationale ; il s'agit de l'Empire de la Terre.

Cette action économique fut naturellement soutenue par une doctrine économique correspondante. Même, la doctrine avait précédé l'action. Dès le milieu du xıx⁰ siècle, pendant la révolution de 1848, un ministre prussien, Rodbertus, avait voulu faire de l'Etat le régulateur suprême de la production et de la répartition des richesses. Ce sont les origines du socialisme d'Etat. Ferdinand Lassalle et Karl Marx achevèrent la constitution de la doctrine collectiviste, qui met toute sition de la collectivité; mais la collectivité, qui, sition de la collectivité, mais la collectivité, qui, ailleurs, est représentée par la fédération des hommes libres qui constitue la nation, est ici représentée par l'Etat, par l'Etat prussien, par le militarisme ; on a bien vu, en quelques applications expressives, qu'il s'agissait de militarisme économique.

Il n'est plus question ici de liberté, individuelle ou nationale ; toute liberté est anarchique, dans le sens étymologique du mot, et entraîne une déperdition de force et de production. Il n'est question que d'organisation par la science allemande.

Nous sommes en présence d'une organisation internationale, mondiale, à direction allemande, d'un Saint Empire Economique, toujours de forme féodale, l'Allemagne suzeraine, l'humanité vassale.

Certes, on peut prévoir des résistances : il y a en Europe, ailleurs, des libertés qui ne se rangeront pas aisément sous le joug, il y a des nations qui ne voudront pas mourir.

Si la menace de la poudre sèche et de l'épée aiguisée ne suffit pas à les tenir en respect, la guerre les domptera. La guerre est même souhaitable, pour assurer plus nettement la suprématie triomphale du génie allemand.

La guerre est l'industrie nationale de la Prusse, disait déjà Mirabeau. La guerre est éternelle, écrit Klaus Wagner. — La guerre est divine, dit Bernhardi, c'est elle qui seule peut permettre la sélection des plus aptes, des plus forts. Il n'y a qu'une morale, dit-il encore, c'est d'être fort ; le pacifisme est une faiblesse, l'arbitrage est le refuge de ceux qui ont peur.

C'est la force, née de la science, qui crée le droit.

LA GUERRE POUR L'EMPIRE DU MONDE

Guillaume II était bien l'homme de cette doctrine et de cette politique. Il en avait la conscience et l'orgueil. Malade, il avait en outre l'hypertrophie dont toute l'Allemagne était agitée : et c'est pourquoi, malgré le désastre, elle lui a gardé son affection ; elle s'est reconnue en lui, elle lui reste reconnaissante qu'il ait rêvé de lui donner l'empire de la terre.

« Notre avenir est sur l'eau, proclamait-il dès son avènement : en avant, à toute vapeur ! » Et il fit tout pour assurer à l'industrie allemande les débouchés qu'il fallait à sa production. Il chercha à conquérir les provinces de son Empire économique.

Il embrassa tous les continents dans sa pensée impériale. Il y a dans l'Amérique du Sud, dans la République Argentine, l'Uruguay, surtout dans le Brésil méridional, des centaines de milliers de colons allemands. Il pensa, par eux, s'assurer l'organisation économique de toute la région, et, comme il y avait des tendances séparatistes entre les divers Etats du Brésil, il ne désespérait point d'y fonder un établissement allemand. Les Etats-Unis de l'Amérique du Nord durent lui rappeler l'existence de la doctrine de Monroe.

La Chine, quoique ou parce que surpeuplée, est un immense domaine d'exploitation : des ressources minières incalculables, des matières premières de toutes sortes, une clientèle innombrable, 500 millions d'habitants. Guillaume II voulut en assurer les avantages à l'Allemagne, au moins en grande partie. Deux missionnaires allemands y ayant été massacrés, il s'empara de Kiao-Tchéou, une position excellente, sur la côte du Chantoung, riche en minerais ; il y fonda un port de premier ordre, Tsin-Tau, et le dota d'un outillage parfait : ce fut le meilleur port de l'Asie. Dans l'Océan Pacifique, l'Allemagne s'assura en outre la possession des Carolines, des Mariannes, des Samoa, d'une partie de la Nouvelle-Guinée. Elle se trouva en mesure de jouer un grand rôle, le plus grand peut-être dans l'organisation économique de l'Extrême-Orient.

Faut-il rappeler les entreprises de l'Allemagne en Afrique, ses colonies dans le Sud-Ouest, le Cameroun, le Togo, l'Afrique Orientale ? Faut-il redire l'acharnement de ses prétentions sur le Maroc ? Elle ne réussit pas à y empêcher l'établissement du protectorat français ; du moins elle se fit céder en compensation des avantages considérables dans l'Afrique Equatoriale et commença d'y dresser le plan de ses Indes Noires.

Mais le coup de maître de Guillaume II fut son alliance avec la Turquie ; il se donna pour l'ami du Sultan, au moment où en effet l'empire ottoman semblait arrivé à la crise suprême de son démembrement. Il apparut comme le libérateur, le sauveur, et il put fonder sur cette combinaison diplomatique et religieuse le grand dessein des trois B, Berlin-Byzance-Bagdad.

Le dernier des Habsbourg, l'Empereur-Roi d'Autriche-Hongrie, François-Joseph, n'était plus que le brillant second du Hohenzollern. Le tsar des

Bulgares, Ferdinand de Saxe-Cobourg-Gotha, fondait sur l'alliance austro-allemande la réalisation de ses ambitions qui embrassaient toute la péninsule des Balkans. De part et d'autre de cette poussée au sud-est, la Roumanie était unie par une convention militaire avec l'Autriche-Hongrie, et l'Italie faisait partie de la Triplice. Enfin, en avant, le sultan céda à Guillaume II, en 1903, l'entreprise du Bagdad-Bahn, qui fut le symbole du rêve du Kaiser, vers la Mésopotamie, vers le golfe Persique, vers les Grandes-Indes : entre l'Afrique et l'Asie, déjà pénétrées par l'influence allemande, c'était le couronnement du grand édifice impérial, du plus grand qu'on ait vu dans l'histoire.

Cependant le Docteur Naumann dressait le système continental de la *Mittel-Europa*. Richard-Otto Tannenberg offrait à l'admiration de ses compatriotes le plan de sa *Gross-Deutschland*, maîtresse du monde.

Pas de guerre, et l'Allemagne réalisait sûrement, logiquement, ses ambitieuses conceptions.

Pourquoi la guerre ?

Ecoutons les enseignements du général Bernhardi. La paix eût laissé subsister à travers le monde des organismes gênants, difficiles à absorber, même dans les plus méphistophéliques combinaisons de la science allemande, l'industrie anglaise ou américaine, les sentiments nationaux, l'esprit de liberté. La paix eût permis l'organisation des résistances, des réactions, comme elle avait déjà permis des ententes qui pensaient garantir l'équilibre.

Il n'y avait que la guerre pour briser d'un coup tous les obstacles, pour écraser sous le marteau de Thor les forteresses comme les inventions morales et juridiques de la civilisation gréco-latine ; il n'y avait que la guerre pour assurer le triomphe du pangermanisme. On voulut et on fit la guerre.

CHAPITRE VIII

La Guerre

LE SENS HISTORIQUE DE LA GUERRE

On peut dire maintenant, à la lumière des événements, quel était l'enjeu d'une bataille qui fut comme le point culminant de l'histoire des hommes. — Voici le problème : le monde, qui réclame universellement une constitution politique, économique et sociale, s'organisera-t-il par l'émulation des nations libres, ou sera-t-il organisé par la force allemande ?

Liberté ou autorité ?

On voit que c'est là aussi la nature du problème social qui se pose dans chaque nation. N'est-ce pas même la formule du problème moral ? N'est-ce pas tout le problème humain ?

Qui n'eût mesuré et pesé en 1914 que les forces matérielles en présence eût conclu à la victoire de l'Allemagne, et c'est pour cela que l'Allemagne a joué la guerre.

L'Allemagne était incontestablement la plus grande puissance qu'on eût jamais connue : sa population croissante, 67 millions d'habitants, lui permettait de réunir des effectifs énormes, avec des réserves inépuisables ; à la veille de la guerre, elle porta son armée active à près d'un million d'hommes. Ses mines et ses usines, notamment les usines Krupp mettaient à sa disposition des armements extraordinaires, dont elle avait su habilement dissimuler l'abondance.

Elle n'était pas la première puissance navale du monde ; mais elle suivait l'Angleterre de près, et comme ses unités étaient récentes, que, récemment construites, elles présentaient la plus grande homogénéité possible, on pouvait se demander si l'Angleterre ne subirait pas à son tour un Trafalgar et si elle garderait l'empire de la mer, condition de sa sécurité. Il y faut ajouter l'inconnu des avions et des sous-marins qui pouvait modifier radicalement les conditions de la guerre sur terre ou sur mer, et peut-être au profit de l'Allemagne. Il y faut ajouter les ressources mystérieuses de la chimie allemande qui passait pour la première du monde.

Et le Kaiser ne laissa rien au hasard; il ne négligea pas la préparation morale de son peuple et de son armée : on peut dire que chaque soldat allemand fut conscient de la grandeur historique de la lutte où il était mêlé, prêt à tous les sacrifices pour la patrie : *Deutchland über alles.*

Dans le même temps les forces matérielles et morales de l'adversaire furent atteintes et dissoutes le plus possible : les socialistes français, sûrs de la paix, firent tout pour diminuer les armements de la France. Les socialistes allemands les

endormirent de leurs promesses ; la veille même de
la guerre, à Bruxelles, ils annoncèrent qu'ils s'op-
poseraient de toutes leurs forces à l'ouverture des
hostilités pourvu qu'on en fît autant en France ;
et ils marchèrent comme un seul homme derrière
le Kaiser : trahison qui éclaire d'une lumière crue
l'histoire du collectivisme marxiste. D'autres
lumières à cet égard sont venues depuis de Russie.

L'Autriche-Hongrie était estimée très affaiblie
par les luttes de ses diverses nationalités ; beaucoup pensaient qu'à la première occasion, Tchè-
ques ou Croates ou Roumains de Transylvanie se
soulèveraient en masse et saperaient la base même
de l'Etat dualiste. Les prophètes annonçaient que
l'existence de l'Autriche-Hongrie ne tenait plus
qu'à la vie de François-Joseph qui, en 1914, avait
quatre-vingt-quatre ans.

Pourtant, M. Henry W. Steed publiait à la
veille de la guerre un livre qui apportait des infor-
mations plus exactes : la *Monarchie des Habsbourg* ; comme son titre l'indique, il établissait
qu'en dépit de la séparation de l'Autriche et de la
Hongrie, en dépit des tendances séparatistes des
diverses nationalités, les Hasbourgs régnaient
sur un empire très fortement constitué et dont
les éléments même discordants étaient retenus par
une vigoureuse centralisation. L'Autriche pouvait
paraître très affaiblie, en comparaison de sa grandeur passée, et l'on pouvait estimer qu'elle avait
assez vite oublié Sadowa et qu'elle avait bien facilement admis la suzeraineté réelle des Hohenzollern, ses anciens vassaux. Mais la Hongrie représentait dans la « Monarchie » un élément singu-

lièrement jeune et audacieux, d'une ambition effré-
née, une sorte de Prusse militariste aussi et impérialiste.

Dans l'ensemble, il y avait là, comme dans l'Allemagne prussianisée, une forte organisation d'autorité ; il y avait des nationalités opprimées et
remuantes, mais fermement domptées : et c'est merveille en effet que l'Autriche-Hongrie ait pu soutenir, pendant plus de quatre ans avant de fléchir,
les épreuves d'une guerre terrible, où l'on pouvait
croire que ses premiers échecs seraient le signal
du soulèvement des races opprimées. Même aujour-
d'hui, nous sommes obligés de constater que l'Autriche-Hongrie représentait, à la veille de la
guerre, une puissance de premier ordre, pour l'Allemagne une alliance militaire et politique infiniment précieuse : qu'on ne l'oublie pas, une population de 50 millions d'habitants.

Laissons l'Italie et la Roumanie puisqu'elles ne
sont pas entrées dans la lutte aux côtés des empires centraux, nous dirons tout à l'heure pourquoi.

La Bulgarie était une autre Prusse, la Prusse
des Balkans ; comme la Prusse et avec la Prusse
elle avait pensé y fonder son empire. Ç'avait été
la constante politique de Ferdinand de Saxe-
Cobourg-Gotha depuis son avènement, malgré la
dissimulation machiavélique dont il se flattait. S'il
avait de l'ambition, son peuple avait et a de
grandes qualités de travail et d'énergie, de grandes
ressources matérielles et morales. Que l'on y joigne
la cruelle déception de 1913, l'attaque brusquée
sur les alliés de la veille et le désastre, l'effondrement, les humiliations du traité de Bucharest,

et l'on eût pu comprendre dès lors que la Bulgarie était de cœur avec les empires centraux auxquels elle devait tout ce qu'elle était, et qu'elle n'attendait qu'une occasion de se ranger à leurs côtés : il est étonnant que l'Entente s'en soit étonnée.

La Turquie ne resta pas si longtemps dans le mystère ; elle se prononça tout de suite pour l'Allemagne : on ne pouvait pas le croire dans la diplomatie de l'Entente ; assurément cette diplomatie s'enfonçait les poings dans les yeux pour ne point voir. Eh quoi ! par les soins de l'Entente, l'empire ottoman était entraîné au démembrement suprême ; le traité de Londres venait de lui enlever à peu près tout ce qui lui restait en Europe ; l'Angleterre était en Egypte, convoitant la Mésopotamie ; la Russie, la France travaillaient à leur manière à la même opération ; il ne restait plus au sultan qu'à jouer le rôle du guillotiné par persuasion. D'autre part, le Kaiser s'opposait de son mieux à toute cette politique de l'Entente ; il promettait aux Turcs de leur rendre les provinces perdues, de leur garantir l'intégrité territoriale de leur empire, de régénérer l'Islam, de lui rendre ses vertus premières de propagande avec les ressources militaires et économiques de la toute-puissante Allemagne... Et les Turcs auraient hésité ! Ils n'ont pas hésité un moment ; tout de suite leur parti fut pris. On aurait pu au moins, à Paris et à Londres, supposer possible cette éventualité et prendre quelques précautions, on aurait écourté grandement la guerre et sauvé beaucoup de vies humaines.

Le fait est que les Turcs entrèrent dans la guerre, dès octobre 1914, avec une ardeur toute renouvelée par ces grands espoirs. Elle fut pour eux une guerre sainte.

De Berlin à Constantinople, par Vienne, Buda-Pest et Sofia, un formidable bloc d'autorité et de puissance militariste pesait sur les libertés du monde.

L'attaque sur la Serbie, à la suite de la mort de l'archiduc François-Ferdinand, ne fut pas le simple prétexte de la guerre, c'en fut aussi la raison profonde ; ce fut la marque de son caractère : sur le chemin de Bagdad, où le *Drang nach Osten* se pressait, escorté d'abord de la Roumanie et de l'Italie, la Serbie était l'obstacle, le bâton dans la roue du char allemand : agrandie en 1913, à la suite de ses victoires sur la Turquie et la Bulgarie, les deux alliés des Empires Centraux, elle attirait naturellement à elle par sa gloire toute jeune les espoirs des Slaves du Sud ; elle excitait ceux de tous les Slaves ; sans le vouloir, ou le voulant, elle hâtait la dissolution de la monarchie des Habsbourgs. Il fallait la briser.

L'attaque sur la Belgique était une nécessité stratégique : on aurait pu en être sûr d'abord. D'aussi innombrables armées, des millions d'hommes ne pouvaient pas manœuvrer dans l'étroit espace qui va du Luxembourg à la Suisse, parmi les montagnes des Vosges, en face des forteresses françaises solidement organisées de Verdun à Belfort. Il fallait de l'espace aux formidables masses humaines que poussait devant lui le Kaiser.

Mais la Belgique était neutre ? Chiffon de papier ! Que vaut la signature de la Prusse ? Que pesait le pauvre petit traité de 1839 en comparai-

son du grand dessein pangermaniste ? L'honneur ?
Un mot vide de sens. Le droit? C'est la force qui
crée le droit; la guerre est divine, elle sanctifie
tous les moyens.

Une surprise tout de suite. Le Kaiser croyait que
la Belgique resterait neutre, et laisserait passer les
grandes armées de l'Allemagne chargées des destinées de l'univers : c'est au point qu'il avait
informé, plus d'un an auparavant, le roi Albert
de ses intentions belliqueuses. Le roi Albert avait
de l'honneur, le roi Albert avait le culte du droit,
le roi Albert estimait que son devoir était de faire
respecter les traités où il y avait la signature de la
Belgique... et celle de la Prusse. Le roi Albert tira
l'épée contre le Kaiser barbare, qui en demeura
étonné et furieux.

Comprit-il, dès lors, que devant les forces maté-
rielles il y avait des forces morales capables de les
tenir en respect ? Comprit-il que le marteau de
Thor ne peut pas écraser le génie de la liberté ?
N'eut-il pas un moment déjà, la pensée que le roi
Albert était plus grand que lui ?

LES RÉSISTANCES NATIONALES — LA FRANCE

Voici le camp de l'Entente.

La Russie se trouva la première à défendre l'indépendance menacée de la Serbie.

La Russie tsariste représentait assez mal le
droit des peuples à disposer d'eux-mêmes, dans le
temps où elle écrasait les libertés de la Finlande
et de la Pologne avec la brutalité que l'on sait. Et

depuis 1905, depuis le dimanche rouge, elle était travaillée par un profond malaise politique et social : étrange mystère des steppes infinies, il allait peser sur toute la conduite de la guerre, et donc sur les destins de l'humanité.

Mais la Russie, tsariste ou non, a des intérêts considérables à défendre vers la Tauride et la mer Noire. Elle y a des traditions historiques dont l'âme populaire est pénétrée. Elle y a pris surtout dans les dernières années, une sorte de tutelle des Etats Balkaniques. Libératrice et fondatrice de la Bulgarie, c'est à elle, qu'en 1913, était réserve l'arbitrage entre les Bulgares et leurs adversaires, c'est à elle que la Serbie demanda protection lorsque, le 26 juillet 1914, elle reçut le brutal ultimatum du gouvernement austro-hongrois.

L'Angleterre avait des raisons économiques de se mêler un jour ou l'autre à la grande guerre. Edouard VII avait perçu la menace allemande et il avait réalisé la Triple Entente comme une sauvegarde diplomatique pour les libertés du monde. Pourtant l'Angleterre, même à l'appel très pressant de la France, ne se prononça pas aussitôt.

La violation de la neutralité belge déclancha automatiquement son intervention. Elle ne pouvait pas laisser la Belgique au pouvoir de l'Allemagne, pas plus qu'autrefois elle n'avait voulu la laisser au pouvoir de Napoléon ; elle se rappelait toujours le mot de l'Empereur : « Anvers, un pistolet braqué au cœur de l'Angleterre. » Ce qui d'ailleurs amène trop souvent les Anglais à faire les comparaisons les plus déplaisantes entre Napoléon et Guillaume II, à moins que ce ne soit entre

Louis XIV et Guillaume II. Nous les supplions en passant de ne pas s'attarder à ces inconvenances.

L'Angleterre a l'incomparable vertu de la loyauté ; elle couvre sa signature ; elle estime que le respect des traités est la première condition des relations entre peuples civilisés. « Dieu et mon droit », telle est sa devise, qu'il faut interpréter comme signifiant : Dieu et le droit. Et enfin, l'Angleterre libérale, l'Angleterre fondatrice de quelques-unes des institutions essentielles qui garantissent les libertés politiques, l'Angleterre sentait inconsciemment, mais fortement, le danger mortel que le militarisme allemand faisait courir aux libertés humaines. Elle ne pouvait pas rester neutre.

La France surtout était visée par l'Allemagne, à cause de sa valeur militaire, à cause de sa constitution démocratique, à cause de la haute personnification qu'elle était du droit violé et de la justice immanente et parce qu'elle était la plus remarquable, la plus expressive représentation de la civilisation méditerranéenne.

Elle était l'ennemie. La Prusse entretenait chez les Allemands, à l'égard de la France, une haine factice, oublieuse de tous les enseignements d'une histoire séculaire; c'était depuis Iéna son arme principale de guerre, arme empoisonnée de mensonges. Elle préparait en France même son champ de bataille par les procédés les plus malfaisants de l'espionnage le plus déloyal, des maîtres allemands dans nos écoles, des domestiques allemandes au foyer de nos officiers. Elle espéra que les socialistes de France trahiraient la France.

Jamais guerre ne fut faite de parti-pris avec une telle vilenie.

La déclaration de guerre à la France fut fondée sur un mensonge : des avions français auraient survolé Nuremberg ; le mensonge a été avoué depuis. Le gouvernement français avait retiré ses forces à dix kilomètres en-dedans de la frontière pour éviter tout incident et faire à la paix tous les sacrifices possibles. Le commandement français avait massé toutes ses armées à la frontière franco-allemande, afin de bien établir qu'il ne croyait qu'à une guerre loyale, à un duel en champ clos, selon toutes les règles de l'honneur, qui valent, pour les peuples comme pour les individus. L'état-major allemand demanda la victoire à la perfidie, aveu qu'il ne pouvait pas l'avoir autrement.

Et la France fut traîtreusement vaincue à Charleroi, et les masses allemandes, lourdement, brutalement, avec les gestes de la plus grossière et de la plus cruelle barbarie, ravagèrent la Belgique, les plus riches régions de la France septentrionale, brûlant la bibliothèque de Louvain, la cathédrale de Reims, fusillant les innocents en masse, violant toutes les lois de la guerre.

Le génie français para le coup avec une finesse merveilleuse ; le général Joffre se dégagea de la formidable étreinte, retira ses armées avec le plus beau sang-froid et disposa la reprise de l'offensive avec une souplesse et une décision qui fixèrent sur place la ruée allemande. Furieuse, elle essaya de se pousser le long de l'Oise, puis sur Arras, puis sur Calais ; elle fut partout contenue, bloquée, et

dut s'enfoncer dans des tranchées, se terrer igno-
minieusement.

La France accepta la lutte en ces conditions si
répugnantes, si contraires à son génie de lumière
et de loyauté. Le soldat français avait étonné le
monde par sa vaillance; il allait l'étonner davantage par sa patience, acceptant les pires épreuves
avec un courage qui ne se démentit jamais pendant
plus de quatre ans. L'industrie française, privée
de matières premières, même de charbon, impro-
visa avec une miraculeuse activité les armements
qui avaient manqué jusque-là.

Quatre ans les deux ennemis s'affrontèrent, presque dans les mêmes tranchées, à quelques mètres
de distance : deux génies contraires, nous dirions
le Bien et le Mal, disons seulement le Despotisme
et la Liberté, mais aussi la Force et le Droit, la
Barbarie et la Civilisation céci tuera cela, c'est la
loi de l'Histoire.

LA GRANDE ALLIANCE DES NATIONS LIBRES

Pendant que la France tenait la bête du militarisme prussien sur les genoux, les nations libres
étaient entraînées par la force des choses à venir
à son aide, puisqu'elle défendait leur propre cause.
Il en est même qui ont trop longtemps hésité.

Ce ne fut pas le cas de l'Italie.

Dès l'ouverture des hostilités — et cela sera
son grand mérite dans l'histoire, — l'Italie resta
neutre : elle avait compris le danger germanique,
et ses traités avec l'Allemagne et l'Autriche-Hon-

grie ne l'obligeaient à marcher avec elles que si elles étaient attaquées.

Par la crise exceptionnelle qui s'ouvrait, épreuve sans précédent qui allait absorber toutes les ressources matérielles et morales des nations en présence, l'Italie fut ramenée d'un seul coup à ses traditions nationales les plus chères, au temps où elle criait d'un même cœur : « Fuori i barbari, » où elle revendiquait toutes ses terres « irrédentes ».

Elle avait bien eu avec la France quelques malentendus, à propos de Rome, à propos de la Tunisie et de l'Abyssinie... Tout cela fut balayé par le grand mouvement national de mai 1915, dont ce sera l'immortel honneur de Gabriele d'Annunzio d'avoir été le héros.

Cette résolution de l'Italie lui était inspirée et dictée, sans qu'elle s'en doutât peut-être, par des forces naturelles, qui, pour être morales, ou parce qu'elles étaient morales, n'en étaient pas moins puissantes et déterminantes. Dans la grande bataille engagée, il s'agissait de la défense de la civilisation gréco-latine contre les prétentions de la barbarie germanique : l'Italie devait être du côté de la civilisation. Pour elle, comme pour la France, comme pour la Grèce, j'entends pour ce qui les caractérise essentiellement, c'était une question de vie ou de mort.

L'Italie a joué dans la guerre un rôle considérable. Elle avait à vaincre des difficultés exceptionnelles, toute sa frontière étant dominée par des montagnes abruptes de 2 à 3.000 mètres, ses positions militaires enserrées comme au fond d'une poche entre le Trentin et le Carso formidablement armés. Quand même, elle y fit un effort prodigieux où il sembla que le soldat italien avait retrouvé toutes les qualités du légionnaire romain, et elle y retint les forces principales de l'Autriche-Hongrie, service précieux rendu à la cause commune, juste au moment où l'armée russe était mise hors de combat.

Car l'Italie a eu le mérite, que la France et les alliés n'oublieront pas, d'intervenir après l'effondrement militaire de la Russie, au printemps de 1915.

Les armées russes avaient remporté de beaux succès dans les premiers mois de la guerre, et obligé l'Allemagne à détacher quelques divisions du front français. Contenue par les armées du général Joffre, l'Allemagne pensa obtenir plus facilement une décision sur le front oriental ; elle arma sous Mackensen une puissante phalange hérissée d'artillerie lourde, et elle brisa le front russe sur les bords de la Dunajec. Les armées du Grand-Duc Nicolas durent se replier pendant quatre mois d'une retraite habile, mais infiniment pénible, jusqu'à la ligne de la Duna.

La Bulgarie crut saisir la bonne occasion ; elle escompta la victoire des Empires centraux, et voulut donc y contribuer pour en avoir la récompense. Elle tomba sur la Serbie, qui fut perdue, ses héroïques armées se retirant à travers l'Albanie dans les conditions les plus effroyables, au cœur de l'hiver. L'avenir de la cause alliée en Orient ne fut sauvegardé parmi ces désastres que par l'installation, d'ailleurs longtemps précaire, de l'armée de Salonique.

Cependant le roi de Grèce Constantin, beau-frère du Kaiser, se tenait dans une neutralité de jour en jour plus suspecte. La Grèce paraissait oublier les liens qui l'unissaient aux Alliés et ses devoirs envers la civilisation méditerranéenne dont elle avait été la mère illustre.

La Roumanie, plus fidèle à ses traditions latines, quoique gouvernée par un Hohenzollern, refusait de marcher avec les Empires centraux, et pressée par eux, se prononçait courageusement contre eux, malgré les pires dangers auxquels elle s'exposait et auxquels, en effet, elle succomba. Elle fut un moment presque entièrement perdue ; mais elle avait sauvé l'honneur, son honneur de nation latine, digne ainsi d'être une des plus grandes nations de l'Europe.

En attendant, la Serbie et la Roumanie écrasées de part et d'autre, la Bulgarie tout entière en armes et frémissante de vengeance et d'ambition, le *Drang nach Osten* se développait irrésistiblement vers Constantinople, vers Bagdad, vers les grandes routes de l'Inde. Guillaume II touchait son rêve de l'Empire universel.

Mais la France était debout, invaincue, invincible.

Le Kaiser pensa la réduire, l'abattre. Et ce fut l'effroyable ruée des armées du Kronprinz sur Verdun.

Verdun, la plus grande bataille des siècles. La plus horrible mêlée de deux génies contraires : l'Allemagne y mit tous ses instruments de mort, ses plus gros canons, les plus affreuses inventions de sa chimie diabolique, ses masses humaines les plus furieuses. La France sous Joffre y porta, sur la voie sacrée qu'entretenaient ses vieux soldats, presque toutes les divisions de son armée, presque toute sa jeunesse, dans une circulation régulière qui était comme celle du sang même de la patrie ; elle y mit en vérité le meilleur d'elle-même, et elle y fut meilleure que l'Allemagne puisqu'elle gagna la victoire, la plus haute, la plus noble, la plus glorieuse victoire de tous les temps.

C'est à Verdun, la cité virile, comme dit son nom même, que la civilisation contint définitivement la barbarie, que fut décidé l'avenir de l'humanité. Il faut que tous les peuples libres bénissent à jamais, autour du nom de Verdun, les vertus libératrices de l'armée française.

Du 23 février au 16 juin 1916, les divisions françaises soutinrent victorieusement le choc de l'ennemi. Puis jusqu'en décembre elles reprirent l'offensive à leur tour, et comme l'Allemagne se sentait dès lors perdue et que son chancelier commençait de faire des ouvertures de paix, le général Mangin, l'un des vainqueurs de Verdun, pouvait dire à ses soldats : « Vous avez été les bons ambassadeurs de la République. »

LA CAPITULATION DE L'ALLEMAGNE

Dans son désespoir fou, l'Allemagne déclara la guerre sous-marine à outrance.

Les Etats-Unis se décidèrent enfin à intervenir : intervention tardive, et qui fut forcément lente à cause de la distance, et des soins qu'exige la mise sur pied d'une armée moderne.

Il restait encore du temps à l'Allemagne pour se débattre contre le désastre qui venait.

Quand même, l'intervention des Etats-Unis compléta le faisceau des nations libres ; il n'en pouvait pas être autrement, puisqu'ils étaient nés de l'esprit de liberté, ayant proclamé, dès le 4 juillet 1776, leur droit à disposer d'eux-mêmes.

Dès lors la situation était claire : le camp de la liberté était complet.

Juste à ce moment la Russie tsariste s'écroulait ; sans doute le tsarisme ne pouvait pas être un champion de la liberté. Mais la Révolution russe sombra dans le bolchevisme, et la Russie nouvelle entra dans la carrière historique par une trahison : elle renia les engagements pris par le gouvernement précédent ; elle fit la paix avec les Allemands, leur permettant de porter leur effort suprême sur la France ; il en coûta des flots de sang français ; la France ne pourra pas l'oublier, et les nations libres ne pourront pas oublier que la Russie révolutionnaire, qui se dit libre, a failli livrer la liberté à la colère du Kaiser.

Ainsi l'Allemagne, en effet, faillit être sauvée du châtiment. En hâte, avant que les Etats-Unis ne fussent prêts, elle jeta sur le front français toutes ses ressources en hommes et en artillerie. Et la bataille resta encore six mois indécise : ce fut la suprême bataille, la bataille de France.

En mars, le front anglais fut enfoncé à Saint-Quentin et, Amiens menacé, les armées anglaises furent presque coupées des armées françaises. En mai, le front français fut enfoncé au fameux Chemin-des-Dames, disputé depuis quatre ans, et les armées allemandes arrivèrent de nouveau sur la Marne.

Mais Clémenceau était au pouvoir : « Je fais la guerre », avait-il déclaré. La tenue morale de la France, sous les Gothas, sous les obus des Berthas, fut merveilleuse ; elle garda toute sa foi. Ainsi le général Foch, bientôt maréchal et généralissime des armées alliées, eut tout loisir de dresser le plan de la grande victoire de France.

Il arrêta net le 15 juillet la ruée allemande sur le front de Champagne. Et à partir du 18 juillet, il donna le signal de la glorieuse offensive. Maître de l'heure désormais, en pleine possession de son génie, un pur génie français, fait de finesse et d'audace, il articula autour du front allemand, disloqué par les dernières poussées, une offensive multiforme, d'une infinie souplesse, qui jeta et garda le commandement allemand, si sûr de lui jusque-là, dans un désarroi pitoyable, en le poussant de semaine en semaine, sûrement, méthodiquement, à la catastrophe.

Ailleurs, les Italiens, un moment empoisonnés de défaitisme, se reprenaient sur la Piave et enfonçaient le front austro-hongrois.

En Orient, Bagdad, Jérusalem étaient tombées aux mains des Alliés. La Grèce, où les Alliés avaient été obligés de renverser le roi Constantin, était rentrée avec Venizelos dans sa tradition nationale, disons mieux, dans sa tradition historique, dans la tradition de la civilisation méditerranéenne; elle avait enfin connu son devoir.

Elle eut ainsi l'honneur de prendre sa part de la victoire de Macédoine, où s'effondra le front austro-germano-bulgare (septembre 1918).

Alors en octobre, Foch livra la bataille pour Mézières qui assura la reconquête des frontières françaises. Puis il prépara en Lorraine la bataille pour le Rhin. Et si elle n'avait pas suffi, avec les armées d'Italie et d'Orient, il eût préparé la bataille pour l'Elbe, par Munich et Prague, sur Berlin.

L'Allemagne capitula le 11 novembre 1918.

Une des plus grandes dates dans l'histoire de l'humanité, la mort du militarisme prussien, la ruine de l'impérialisme allemand, le triomphe de la liberté.

CHAPITRE X

La Paix

Le 28 juin 1919, au palais de Louis XIV, qui
avait été le cadre de l'un des plus beaux moments
de la civilisation française, dans la Galerie des
Glaces, qui avait vu le 18 janvier 1871 la proclamation de l'Empire allemand, les plénipotentiaires
de l'Allemagne apposèrent leurs signatures au bas
du traité de Versailles, et promirent d'en exécu-
ter « fidèlement et loyalement » les conditions.

Et quand aujourd'hui les visiteurs du chateau
de Versailles s'en vont à la Galerie des Glaces, ils
ne se souviennent plus de la proclamation de l'Empire allemand, ils n'ont que la pensée du traité qui
consacre la défaite de l'Allemagne : la tache est
effacée, et l'évolution historique, un moment arrê-
tée par la violence germanique, reprend son cours
selon ses lois séculaires.

Le 14 juillet 1919, anniversaire de la prise de la
Bastille et de la Fédération du Champ de Mars,

les armées alliées, derrière deux maréchaux de France, Joffre et Foch, défilèrent sous l'Arc de Triomphe élevé par Napoléon à la gloire des armées françaises.

La France trouve sa récompense dans le service rendu à la cause de la liberté humaine, et jamais ne fut plus vrai et plus profond le mot de Michelet : « Si l'on devait entasser ce que chaque nation a dépensé de sang et d'or, et d'efforts de toute sorte qui ne devaient profiter qu'au monde, la pyramide de la France irait montant jusqu'au ciel... » La France n'attend même pas la reconnaissance de ceux qu'elle a sauvés.

La paix de Versailles, quels que soient les compromis dont elle a été le résultat, est une paix française, une paix de clarté et d'émancipation, la paix du droit vainqueur de la force.

Elle est marquée essentiellement du grand signe de l'Alsace-Lorraine délivrée : une leçon qui traversera les siècles.

D'autres captifs ont été libérés, car cette paix dit en toutes ses lignes : liberté; les Polonais de la Posnanie, les Danois du Slesvig ; il n'y a plus que des Allemands en Allemagne ; l'Allemagne en est comme purifiée des crimes de la violence prussienne ; cela l'aidera à se purifier d'impérialisme, à entrer dans la condition humaine et dans l'harmonie de la liberté.

Il fallait prendre des garanties contre l'esprit de revanche militariste. L'Allemagne a dû livrer toute sa flotte de guerre, réduire ses contingents au minimum indispensable au maintien de l'ordre à l'intérieur. La rive gauche du Rhin est neutralisée avec une bordure de cinquante kilomètres à droite ; ainsi la région rhénane, base des offensives allemandes, doit être toute réservée désormais aux travaux de la paix, et la navigation du grand fleuve toute internationalisée ne servira plus qu'aux relations de commerce. C'est la paix du Rhin.

Il fallait des garanties économiques, afin qu'à peine touchée par les dévastations de la guerre, puisqu'elle n'a pas connu l'invasion armée, l'Allemagne ne recouvrât point toute sa prospérité matérielle avant que ne fussent réparées les ruines qu'elle avait partout systématiquement pratiquées. Il n'est que juste, le contraire serait immoral, qu'elle aide ses victimes à se relever, qu'elle les indemnise de leurs pertes, dans la mesure du possible. Ainsi elle a exploité à fond pendant quatre ans les mines et les usines de la Belgique ; elle a anéanti ou saboté de parti-pris la région industrielle du nord de la France. Il n'est que juste qu'elle le paie, qu'elle fournisse à la France, à la Belgique le charbon dont elles ont besoin pour reconstituer leur vie économique. La paix y pourvoit, malgré la mauvaise volonté qu'y met l'Allemagne, plus soucieuse de violer ses engagements que de faire honneur à sa signature.

Car il faudra, sans doute, encore du temps, comme disait Mignet, pour « introduire la Germanie dans la société civilisée. »

Les relations économiques y aideront en quelque manière. Le traité de Versailles ouvre à la navigation internationale la plupart des fleuves allemands, non seulement le Rhin dont le régime sera réglé par une commission que préside le représen tant de la France, et qui sera réuni par des canaux avec la Meuse et Anvers, mais l'Elbe et l'Oder qui doivent servir de débouchés économiques à la nouvelle république tchéco-slovaque. Il y a déjà longtemps que la navigation du Danube est administrée par une commission internationale.

Ainsi l'Allemagne, qui occupe en Europe une situation géographique centrale, au lieu d'être un arsenal, toutes ressources et toute activité tendues vers la guerre, sera ouverte de toutes parts aux relations pacifiques et aux collaborations bienfaisantes. Elle peut être, elle doit être un élément puissant de la prospérité générale de l'Europe ; il ne faut pas qu'elle demeure une menace formidable pour les libertés du continent. Le monde est fatigué, épuisé par les charges de la paix armée depuis cinquante ans et de la guerre pendant cinq ans ; il veut désarmer, il veut travailler dans la paix.

Il ne s'agit pas de garrotter l'Allemagne éternellement et de la réduire au servage dans les siècles des siècles. Mais les puissances qui l'ont vaincue, avec tant de peine, seraient coupables envers ceux qui sont tombés dans l'immense bataille et envers les générations nouvelles qu'ils ont sauvées, si elles ne prenaient pas toutes les précautions contre quelque retour offensif de l'Etatisme prussien et de ses instincts de pillage et de brigandage.

Il faudra que ces précautions durent tant que ce danger ne sera pas certainement écarté.

Sous cette réserve, il n'est pas défendu d'espérer que des relations correctes, même courtoises, pourront dans quelque temps être reprises entre la France et l'Allemagne. C'est une chaîne de traditions à renouer, par dessus ce siècle de fer où la Prusse a cultivé la haine pour ses desseins méchants. Il y a des Allemands, dans le pays rhénan. qui ont gardé le souvenir du Code civil et de Jean-Bon Saint-André, préfet de Mayence, et de la bonne administration napoléonienne et de l'humanisme révolutionnaire. Il y a des Allemands, dans toute l'Allemagne, qui ont gardé le souvenir des bonnes relations qu'entretenaient leurs ancêtres avec la France. au temps où la royauté française contribuait à l'établissement et au développement des libertés germaniques. Il y a des Allemands qui ont fait bon accueil aux troupes françaises d'occupation, qui se sont comportées et se comportent chez eux avec leur bonne grâce naturelle, favorisant sans le vouloir, naturellement. le réveil de ces souvenirs aimables.

Il y a là de grandes espérances de paix durable, entre des peuples de bonne volonté.

LES NATIONS LIBRES DE L'EUROPE CENTRALE

Les traités de Saint-Germain-en-Laye et de Trianon ont mis fin au dualisme austro-hongrois et réduit l'Autriche et la Hongrie à ne comprendre plus que les nationalités autrichienne et hongroise, en donnant satisfaction à toutes les nationalités que l'Etat dualiste tenait opprimées.

L'évolution historique avait été violemment contenue dans l'Europe centrale par la violence germanique et magyare ; elle entraînait depuis cinquante ans l'ancienne Autriche au fédéralisme : la Croatie avait quelques institutions particulières, la Galicie quelques privilèges de caractère autonomique. En 1870, la Bohême avait obtenu de François-Joseph, sous la forme des *Articles fondamentaux*, des promesses libérales que le ministère Hohenwart était prêt à réaliser lorsqu'était survenu notre désastre de Sedan, qui exalta au plus haut point l'orgueil des Allemands. Bismark ne permit pas que l'on donnât satisfaction aux aspirations des autres nationalités.

Au lieu d'une organisation fédérative qui aurait groupé dans la liberté politique et dans la cordiale collaboration économique, tous les peuples de la monarchie dualiste, en une sorte de grande Suisse de l'Europe centrale, précieuse aux intérêts de la paix générale, l'Allemagne et l'Autriche Hongrie avaient conçu le système de la *Mittel-Europa* qui devait les tenir tous plus fortement que jamais sous le joug des deux nationalités maîtresses, les Allemands et les Magyars.

Voici la monarchie des Habsbourg en morceaux.

Sur ses ruines la Grande Paix a fait pousser toute une floraison de libertés nationales.

La Pologne, morte en 1795, à peine un moment ressuscitée en 1807, déchirée en trois morceaux par la Prusse, l'Autriche et la Russie, clouée pendant plus d'un siècle sur le plus dur calvaire, la Nation-Christ, comme on a dit, symbole de la grande pitié qui accablait toutes nationalités au temps de la Sainte-Alliance, la voici rappelée à la vie ; son âme, plus vivante que jamais, a retrouvé le corps de ses frontières nationales. Elle ne périra pas, parce que les temps sont venus de l'universelle libération des peuples ; et, entre tous les peuples, il n'en est pas de plus digne de vivre et de grandir que la Pologne. Elle apportera au grand travail de la civilisation les plus précieuses contributions ; une grande amie de la France, la France de la Vistule, la France de l'Est. Nous écrivons cela au moment où les armées russes des Bolcheviks, comme autrefois celles de Paskievitch, paraissent aux portes de Varsovie (août 1920).

La Bohême, ou mieux la République Tchéco-Slovaque, donne le spectacle d'une magnifique reconstitution historique. Jamais le mot de Michelet n'eût plus de sens : l'histoire est une résurrection ; nous dirions même : l'histoire fait des résurrections, comme Jésus devant Lazare. Mise au tombeau par la bataille de la Montagne Blanche (novembre 1620), la Bohême y fut tenue trois siècles par les Allemands ; mais la vie frémissait en elle sous l'oppression. Elle refit son histoire nationale, où des historiens français l'ont aidée ; par là elle garda sa langue nationale, dont elle sut faire une langue savante, cultivée au foyer de l'antique université de Prague (Praha)... La paix de Saint-Germain vient donc de donner naissance à la République Tchéco-Slovaque ; on peut être assuré de ses glorieuses destinées : une grande amie de la France, où elle trouva toujours les sympathies les plus agissantes, elle a mis un général français à la tête de sa jeune armée. Elle veut être le lien entre la France et les Slaves de l'Est, Polonais et Russes : importante garantie sans doute de la paix du continent.

La Grande Roumanie, la Roumanie intégrale, est enfin constituée, après les épreuves terribles de l'invasion austro-allemande. La voilà indépendante, dégagée de l'empire russe, comme de la violence magyare. Michelet, dès 1848, quand elle était accablée sous de lourdes répressions, annonçait sa libération. Elle se souvient aussi qu'elle doit sa première existence nationale à la France, à Napoléon III, au lendemain de la guerre de Crimée : — plus qu'une amie, une sœur de la France. Nulle part, même en Italie, le sentiment de la solidarité latine n'y est plus vif ; il y donne lieu aux manifestations les plus touchantes ; la Roumanie appelle les maîtres français à la formation de ses générations nouvelles. Elle accepte, elle réclame la noble et lourde charge d'avant-garde de la civilisation latine à l'entrée des mystérieuses steppes russes.

Et la Serbie est devenue enfin la Yougo-Slavie, le groupe ethnique de tous les Slaves du Sud. Si la Roumanie a une situation comparable à celle de la Pologne, la Yougo-Slavie, comme la Tchéco-Slovaquie, sera le lien entre la France et l'Italie, d'une part, la Roumanie et la Russie du Sud d'autre part : c'est la direction de la voie ferrée du 45°, Bordeaux-Trieste-Zagreb-Belgrade-Bucharest-Odessa. Il n'est pas besoin de rappeler les liens étroits qui se sont noués pendant la grande guerre, entre la Serbie et la France : une fraternité d'armes inoubliable, les mêmes épreuves, puis les mêmes gloires ; la fusion des cœurs dans le désastre, puis dans le triomphe.

Tous ces Etats, jeunes et forts de la chaleur de

leurs sentiments nationaux, amis de la France, parce que justement elle représente le mieux les principes de liberté qui ont assuré leur existence, sont de taille à organiser l'Europe centrale au mieux de leurs intérêts, des intérêts généraux, et surtout dans la Paix dont ils ont tous besoin. Il leur faudra sans doute pour cela associer leurs jeunes forces, réaliser entre eux une harmonieuse collaboration, constituer cette fédération des nations libres que l'Autriche-Hongrie n'a pas su fonder parce qu'elle n'était plus que l'alliée de l'Allemagne. Il y a là sur le Danube une grande œuvre à accomplir : il y va de la paix de l'Europe.

Quant à l'Italie, le traité de Saint-Germain donne enfin satisfaction à toutes ses aspirations nationales. Il n'y sera plus question, espérons-le, de cette Triplice où elle avait méconnu tout son génie ; il n'y a plus de « terre irredente » ; Trieste et Trente sont entrées au foyer de la patrie.

Il lui reste à comprendre et à remplir ses devoirs de puissance méditerranéenne. Les barbares sont dehors ; il faut reprendre, sous l'inspiration d'une antiquité grandiose, la tradition gréco-latine qui importe à l'organisation de l'humanité, après la rude secousse qu'elle vient de traverser. Il faut avoir le sentiment de la solidarité latine ; il y a à travers le monde, en Europe ou en Amérique, 200 millions de Latins, deux fois plus que de Germains. Il faut que tous ces Latins s'entendent et collaborent. Le monde a besoin d'eux.

LA RECONQUÊTE DE LA MÉDITERRANÉE

Voici que la Méditerranée est redevenue le centre du monde, selon son nom. Cette restauration aura été l'affaire d'un siècle, depuis le jour où Bonaparte réveilla l'Egypte endormie dans le sable jusqu'au temps présent où la fin de l'empire ottoman rouvre décidément les grandes routes de l'Europe à l'Asie, les routes d'Alexandre le Grand; certainement, une des plus grandes dates de l'histoire, si l'on songe que là fut le foyer de toute civilisation, de la liberté et du droit.

La Grande Guerre en aura écarté définitivement la barbarie germanique et asiatique qui y avait pénétré ou qui prétendait y pénétrer par violence et sans droit.

Les traités de Neuilly-sur-Seine et de Sèvres achèvent à peu près de rendre la Méditerranée aux peuples méditerranéens. La prétentieuse ligne des trois B, Berlin-Byzance-Bagdad, est en morceaux qui ne pourront plus se rapprocher.

Dans ce siècle, qui fut la libération de la Méditerranée, l'Espagne est restée inactive, même dans la grande guerre ; il est regrettable qu'elle n'ait pas été à la peine. La France est grande dans le bassin de la Méditerranée occidentale. Elle vient d'achever l'expulsion des compétitions allemandes qui lui disputaient le Maroc. La voilà maîtresse de toute l'Afrique du Nord, le plus bel empire du monde, sans parler encore de ses prolongements vers les Indes Noires. Elle y rappelle Rome, quand

elle eut vaincu Carthage et qu'elle commença
d'organiser l'empire de la Méditerranée.

Les Italiens sont en Tripolitaine, l'ancienne
Libye ou Cyrénaïque ; eux aussi, ils ont une part
de l'héritage romain ; ils le recherchent encore
vers l'Asie-Mineure, là où Rome avait sa province
d'Asie. Ils ont joué leur rôle dans la destruction
de l'empire ottoman ; ils ont leur rôle à jouer
dans ce que l'on peut appeler la restauration de
la Méditerranée : un grand avenir qui peut suffire
aux plus hautes ambitions.

L'Egypte est aux mains des Anglais. La France
pourtant y avait pris la première place, par les
immenses services rendus et surtout par l'ouverture du canal de Suez. Il nous sera bien permis
de dire qu'elle y a laissé des souvenirs ineffaça-
bles, et d'ajouter, — honni soit qui mal y pense !
— que les Anglais n'y sont pas chez eux, qu'ils
ne peuvent avoir dans la Méditerranée que des
comptoirs, qu'ils ne sont pas un peuple méditerra-
néen. Du moins, ils aident à en chasser la barbarie
turque et les prétentions allemandes ou russes.

Ils s'installent en Palestine, pour couvrir l'autre
rive du canal de Suez : c'est une raison, ce n'est
pas un droit.

La France retrouve en Syrie de vieilles traditions, auxquelles les populations sont restées fidèles aussi. Elle y fut de tout temps, par les Capitulations, la protectrice des populations chrétiennes ; elle y fut toujours aussi l'amie des Arabes, et Abd-el-Kader y a personnifié, à Damas,
jusqu'à sa mort, des sympathies qui sont celles
de toute sa race. Nulle autre puissance mieux que

la France ne peut travailler, en Syrie et ailleurs, à la renaissance de la civilisation arabe, dont le souvenir prestigieux réveille déjà de leur torpeur séculaire les capitales des califes, Damas ou Bagdad : — des foyers lumineux qui vont se rallumer.

Mais le plus grand spectacle que nous offre l'histoire contemporaine dans les pays de la Méditerranée, c'est celui de la renaissance de l'hellénisme.

Le traité de Neuilly-sur-Seine rejette la Bulgarie dans le Balkan ; elle n'était que l'avant-garde de la Russie, puis de l'Allemagne prussifiée. Le traité de Sèvres règle presque définitivement la destinée de l'empire ottoman, et rend à la Grèce à peu près toutes ses terres irrédimées.

Là aussi, c'est l'achèvement de l'œuvre d'un siècle, sans parler des longs siècles d'esclavage où quand même le génie grec s'était conservé pour la résurrection d'aujourd'hui : le phénix qui renaît de ses cendres, selon la devise de l'hétairie insurrectionnelle.

Dès Navarin, dès le premier jour de l'indépendance, la Grèce conçut la Grande Idée, inspirée par la Révolution française qui proclame le droit des peuples à disposer d'eux-mêmes. La Grèce voulut toute la Grèce.

Malgré les complications diplomatiques, malgré la répugnance des grandes puissances à modifier l'état politique et territorial de l'Orient, malgré leurs jalousies et leurs ambitions rivales, la Grande Idée a poursuivi sa carrière, et voici qu'elle est presque entièrement réalisée.

La Grèce a eu successivement les Iles Ioniennes,

puis la Thessalie, puis la Crète, puis la Macédoine. Voici que par l'admirable génie de Venizelos, fait de finesse et d'audace, elle a Smyrne et la Thrace, voici qu'elle a des côtes sur la mer Noire ; voici qu'elle est aux portes de Constantinople.

Le sultan reste provisoirement à Constantinople. Mais les Turcs vont achever de repasser en Asie leur fatalisme va les y résigner. Que faire de Constantinople ? Les Grecs y constituent la population chrétienne la plus nombreuse, 3 ou 400.000 habitants. Cependant une telle position a une importance internationale dont son régime politique et économique doit tenir le plus grand compte.

Quel qu'il soit, la restauration de la Méditerranée s'y achève. Derrière la barrière des nations libérées, Pologne, Tchéco-Slovaquie, Roumanie, Yougo-Slavie, Grande-Grèce, l'Orient européen et l'Asie antérieure vont recevoir une forte constitution politique qui les mettra à l'abri des retours offensifs de la barbarie.

La liberté permettra sans doute à tous ces jeunes Etats, pleins de promesses, l'exploitation féconde de leurs merveilleuses ressources ; car la science n'est pas le privilège de l'autorité ; elle aussi, elle a besoin de la liberté, et la liberté appuyée sur elle est le plus capable d'organiser les forces matérielles et morales de l'univers.

LA LIBERTÉ ÉCLAIRANT LE MONDE

Au lieu des multiples empires coloniaux qu'essayait de s'attribuer l'Allemagne, pour une exploitation de violence, dite scientifique, le monde

ne compte plus en vérité de colonies proprement
dites ; ce que l'on appelle l'empire anglais se compose surtout de « dominions » presqu'entièrement
émancipés ; et les possessions de la France sont
peu à peu conduites par elle vers le gouvernement
de la liberté ; c'est la généreuse doctrine Saint-
Simonienne en application.

Quoique la distribution des domaines allemands
ne soit pas encore définitivement accomplie, voici
comment se présente la géographie politique générale de l'univers.

L'Australie est un Dominion, qui répond à peu
près à ce que l'on entend par une République,
puisque son nom officiel est le Commonwealth
australien, ce qui traduit le mot République.
L'Australie ne demande pour le moment à l'Angleterre que de la protéger ; sauf cela son indépendance est totale en ce qui concerne son gouvernement intérieur, et avec ses héroïques ANZAC
(Australia-New-Zealand-Army-Corps) elle a pris
une glorieuse part à la grande guerre : un Etat
qui a grand avenir dans la région du Pacifique.

L'Amérique du Nord et du Sud ne se compose
plus guère que de Républiques libres, à part les
quelques colonies européennes des Antilles ou de
la Guyane. Le Canada lui-même ne peut pas passer
pour une colonie anglaise : car son indépendance
est aussi complète que possible. Il faut saluer ici
le grand rôle qu'il a joué récemment dans les formidables batailles du Nord de la France.

L'Asie décidément ne sera pas une colonie européenne. Le Japon lui a enseigné la liberté. Nulle
puissance ne saurait désormais toucher à l'indé-

pendance de la Chine. La France se prépare à donner à l'Indo-Chine, après quarante ans d'apprentissage, les institutions les plus libérales .L'Angleterre a commencé aussi d'organiser une administration autonome dans son grand empire des Indes : une éducation politique que la Révolution russe va mûrir plus vite.

L'émancipation politique de l'Afrique est moins avancée ; cependant son évolution maintenant sera rapide. L'Angleterre est disposée à reconnaître l'indépendance de l'Egypte pourvu que ses intérêts économiques y soient sauvegardés. Il y a dans l'Afrique australe une nationalité très vigoureuse, celle qui s'est formée autour des deux Républiques du Transvaal et du fleuve Orange, qui va encore s'agrandir aux dépens de l'ancienne colonie allemande du Sud-Ouest. Ce sont aussi surtout les troupes afrikanders qui, avec les Belges, ont fait la conquête de l'Est africain allemand ; cela crée des titres de premier ordre.

Il appartient à la France d'organiser les immenses régions de l'Afrique du Nord, de l'Afrique occidentale, même aussi de l'Afrique équatoriale, avec le concours de la Belgique maîtresse de la plus grande partie du bassin du Congo.

Il y a là, d'Anvers à l'Equateur, le plus beau domaine du monde, avec des ressources infinies ; il y a là des populations aimables et laborieuses qui ont déjà reconnu les bienfaits de l'administration française et belge. Elles ont été délivrées des horreurs de la traite, villages razziés, brûlés, longues files d'esclaves mourant par milliers tout le long des chemins de la brousse. Elles ont montré à la France pendant la guerre le dévouement le plus émouvant, prêtes, s'il le faut, à la défendre encore contre l'ennemi commun. Elles savent que la France développera leur éducation, même leur éducation politique le plus rapidement possible. Son génie humain, qui annonça à travers les siècles l'évangile de la liberté, trouvera les formules qui conviennent à l'émancipation de l'Afrique.

Si l'Allemagne avait vaincu, le monde aurait été voué à des siècles de guerres et de révolutions, comme au lendemain de Waterloo, sous le régime de la Sainte-Alliance ; car ni la France, ni l'Angleterre, ni les Etats-Unis n'auraient supporté longtemps la sujétion économique ou autre qui leur était réservée.

La victoire des Alliés, c'est la Paix durable, la paix désarmée, la Paix française fondée sur la liberté et la fraternité, la Paix de la Semeuse.

———

CHAPITRE IX

L'Ère Nouvelle

L'HOMME LIBRE

Où en est aujourd'hui l'humanité ? Sommes-nous au début d'une ère nouvelle ? Nous sommes au moins à un moment capital de son évolution. Dans les difficultés et les épreuves d'une crise sans précédent, il est important d'y porter un examen de sang-froid, une observation historique aussi scientifique que possible.

Cet âge de fer, si dur et si sanglant, est pourtant tout brillant de lumières et gonflé d'espérances.

L'homme est libre.

L'humanité est délivrée de l'esclavage qui avait été le fondement de la société antique. Le christianisme l'avait condamné, mais l'Espagne avait osé le rétablir aux dépens des Noirs, sous prétexte qu'il était nécessaire au travail des plantations. Et il est resté jusqu'à nos jours l'une des assises sociales du monde musulman.

« Tous les hommes naissent et demeurent libres et égaux en droits », proclama la Constituante en 1789. Et la Convention décréta l'abolition de l'esclavage dans les colonies françaises, pendant que W. Wilberforce en Angleterre commençait dans le même sens son éloquente campagne.

Le Congrès de Vienne dut s'en occuper et ordonner les premières mesures pour réprimer la traite des nègres de l'Afrique à l'Amérique : l'homme, de quelque couleur qu'il fût, cessa d'être une marchandise.

Il fallait ensuite détruire l'esclavage domestique, l'élevage humain : le beau roman de Madame Beecher Stowe a fait plus à cet égard que les lois les plus sévères ; la *Case de l'Oncle Tom* a été lue dans le monde entier et dès lors l'esclavage fut condamné. Abraham Lincoln acheva l'ouvrage aux Etats-Unis ; il en coûta à la grande République une longue crise de guerre civile, mais elle donna au monde un haut exemple de morale politique et sociale. Il était juste qu'elle en fût récompensée par l'éclatante prospérité dont elle a joui depuis.

Mais l'Afrique était toujours ravagée par l'infâme commerce du « bois d'ébène », tout entière exploitée par les marchands d'esclaves. L'Europe y prétendit mettre fin. Le cardinal Lavigerie fonda la compagnie des Pères Blancs du Sahara. L'Association Internationale Africaine fut constituée pour la répression de la traite et pourchassa les esclavagistes à travers le continent africain. Le Congrès de Berlin en 1885, le partagea entre les grandes puissances, chargées dès lors, chacune pour sa part, d'en finir avec le fléau : ainsi fut créé l'Etat libre du Congo, au profit du roi des Belges, Léopold II. Depuis, cet Etat est devenu belge ; terre belge, il sera, comme il fut à sa fondation même, une terre de liberté.

Il y a encore des hommes et surtout des femmes esclaves en Turquie, dans l'Inde. Il est quand même permis de dire que le siècle dernier a fait l'homme libre.

Le servage est comme une forme d'esclavage ; car si l'homme y est libre, son travail est esclave ; son bras, son cerveau sont esclaves. L'abolition du servage remplit toute l'histoire de l'Europe depuis le moyen âge. Les roturiers de France furent de bonne heure émancipés, d'abord dans le domaine royal, puis dans le reste du royaume, et la nuit du 4 août les délivra enfin de tous les droits féodaux. Il en fut peu à peu de même à travers toute l'Europe.

Ce fut l'objet notamment de l'oukase du tsar Alexandre II quand le 19 février 1861 il émancipa tous les serfs de l'Empire, serfs de la couronne ou serfs de la noblesse et des couvents. Il est impossible, même aujourd'hui, de mesurer toutes les conséquences politiques et sociales de ce grand événement.

La femme est encore en tutelle, même dans les pays les plus civilisés : d'où l'ardeur de la croisade féministe. Ce n'est pas à dire qu'il soit souhaitable, même au point de vue du droit, que la femme soit en tout semblable à l'homme, et il est arrivé aux féministes de tomber dans quelques excès. La formule la plus libérale et la plus raisonnable est sans doute celle-ci : la femme doit être l'égale de l'homme, elle a droit comme l'homme à l'éducation et au développement de toutes ses facultés, qui ne sont pourtant pas les mêmes que celles de l'homme. Qu'on nous permette une petite plaisanterie : que deviendrait l'humanité si toutes les femmes étaient des hommes ? Mais nous nous excusons de cette incursion dans le domaine du droit, il nous faut demeurer sur le terrain des faits.

Non seulement les temps actuels ont travaillé et travaillent à la libération civique, pour ainsi dire, de l'homme et de la femme. Mais ils ont fait beaucoup déjà pour l'émancipation de leur personne morale.

La conscience est libre ; il n'y a plus de persécutions religieuses ; ce sont les Juifs qui en ont le plus souffert, ici ou là, dans les dernières années. Cependant, à ce point de vue, les mœurs sont-elles aussi libérales que les lois ? Ce n'est pas sûr. Le sentiment de la tolérance est infiniment rare et délicat. Le mot même de tolérance indique son imperfection ; il est vrai qu'il disparaît peu à peu du langage courant.

Il ne suffit pas, en effet, de proclamer la liberté de conscience, donc de séparer les églises de l'Etat, de reconnaître le caractère sacré, intangible de toute croyance religieuse, de rendre à César ce qui est à César, à Dieu ce qui est à Dieu. Il faut, pour assurer l'avenir de la paix civile, comprendre toutes les confessions, apprécier leur valeur morale qui, souvent, les rapproche, admirer même, pour l'imiter, leur puissance d'apostolat dans la proportion de leur sincérité. Nous dirions qu'il faut avoir l'esprit laïque, si trop souvent cet esprit n'était pas seulement l'esprit anticlérical, celui-ci agent de discordes civiles, comme son contraire.

La Déclaration des droits de l'homme et du citoyen, qui est toujours la formule fondamentale des principes de la société moderne, a proclamé aussi la liberté de pensée, donc la liberté de la presse ou de la parole, qui est la liberté d'exprimer sa pensée : libertés dont le principe paraît indiscutable, mais dont l'application comporte toujours des réserves, et la Déclaration de 1789 avait trouvé tout de suite les meilleures rédactions : « La liberté consiste à pouvoir faire tout ce qui ne nuit pas à autrui. — Nul ne doit être inquiété pour ses opinions, même religieuses, pourvu que leur manifestation ne trouble pas l'ordre public établi par la loi. — La libre communication des pensées et des opinions est un des droits les plus précieux de l'homme. Tout citoyen peut donc parler, écrire, imprimer librement, sauf à répondre de l'abus de cette liberté dans les cas déterminés par la loi. »

On ne saurait sans doute mieux dire. La liberté doit être disciplinée, ou plutôt se discipliner.

Et la formation des mœurs, comme la délibération et la rédaction des lois, se ramènent toujours à une question d'éducation . « Quelle est la première partie de la politique ? disait Michelet. L'éducation. — Et la seconde ? L'éducation. — Et la troisième ? L'éducation. » Mais continuons un moment de lire ce passage du *Peuple* : « J'ai trop vieilli dans l'histoire pour croire aux lois

quand elles ne sont pas préparées, quand de longue
date les hommes ne se sont point élevés à aimer,
à vouloir la loi. Moins de lois, je vous prie ; mais
par l'éducation, fortifiez le principe des lois, ren-
dez-les applicables et possibles ; faites des hommes, et tout ira bien. »

L'éducation ? On sait que le mot est synonyme
d'émancipation. Où en est l'humanité à cet égard ?
Fait-on partout, même en France, tout ce qu'il
faut pour l'éducation ? Est-ce que l'éducation, ou
tout simplement l'instruction, même dans la
France démocratique, n'est pas en proportion de
la fortune ? Est-ce que l'enfant du pauvre est sûr
de recevoir dans les écoles de l'Etat toute l'instruction, toute l'éducation dont il est capable ?
N'y a-t-il pas là encore des privilèges ? Et donc
des servitudes ?...

En posant ces questions, en y appelant la
réflexion, nous avons voulu dire où en est sur
ce point capital l'évolution de la société humaine.
Il y a encore beaucoup à faire...

LA FÉDÉRATION DES NATIONS LIBRES

Les hommes libres achèvent sous nos yeux de
s'organiser en nations libres. Car il faut définir
la nation, une fédération d'hommes libres (ou
d'hommes et de femmes libres), selon l'exemple
de la Fédération du Champ de Mars au 14 juillet
1790.

Les Révolutions nationales qui avaient rempli
le XIXe siècle trouvent leur dénouement soudain

et universel dans la grande guerre, qui pourtant avait été entreprise par l'impérialisme allemand pour absorber et écraser toutes aspirations nationales sous prétexte d'organisation scientifique.

Sauf quelques exceptions, qui ne sont pas nombreuses, toutes les nationalités qui aspiraient à la liberté sont maintenant des nations libres, établies à peu près dans leurs cadres ethniques, selon le principe victorieux venu de la Révolution du XVIIIe siècle et repris par M. Wilson et par tous les Alliés, que les peuples ont le droit de disposer d'eux-mêmes. C'est sur cette assise fondamentale et solide que va se constituer le monde politique nouveau : grandiose révolution, à ce seul point de vue.

Elle renferme une leçon inattendue pour beaucoup : le monde était entraîné, dans les cinquante dernières années, sous la pression de la philosophie allemande d'ailleurs intéressée, dans le sens de l'internationalisme ; et le sentiment national y était absorbé et comme noyé ; beaucoup ont pu croire que le grand conflit aboutirait au triomphe d'une Organisation internationale : c'est que les Allemands se réservaient d'en prendre la direction. La guerre, au contraire, a excité les passions nationales au maximum de leur intensité, même en Russie, parce qu'elle était pour les nations une question de vie ou de mort, et que le sentiment national n'est pas autre chose que l'instinct de la conservation, l'instinct vital. Et la guerre s'est donc terminée par le triomphe des aspirations nationales, par la consécration des nations anciennes et par l'apparition de nombreuses nations nouvelles.

Une grande leçon de portée universelle : s'il y a des organisations internationales désormais, il faudra d'abord qu'elles comportent le respect des droits nationaux. Nous dirions volontiers, en prenant les mots dans leur sens propre, que la grande guerre et que la paix ont été nationalistes et qu'elles imposent à la philosophie de l'internationalisme des conditions nouvelles auxquelles elle ne pourra pas échapper.

Ces nations libérées se gouvernent toutes librement, ne connaissent plus la monarchie absolue, sous des formes diverses sont toutes démocratiques. Plus de droit divin : le tsarisme, qui d'ailleurs avait dû se mitiger, a disparu dans une catastrophe sans précédent. La capitulation de l'Allemagne, en novembre 1918, a donné le signal de la chute des trônes et le *Reich* est une République social-démocrate, quoiqu'il ne faille pas prendre au tragique, ni même au sérieux, son épithète socialiste, car on ne voit pas qu'elle soit pressée de modifier les conditions de la vie sociale, qu'elle ne trouve sans doute pas si mauvaises. Là où il y a des rois, ils se comportent et gouvernent comme des présidents de République qui seraient héréditaires.

Les lois du régime parlementaire fondées par l'Angleterre et les principes démocratiques enseignés par la France ont abouti partout à ce que l'on peut appeler, du mot anglais si heureux, le *self-government*.

Certes, toutes les institutions ne se ressemblent pas absolument, et le tableau serait long où l'on voudrait' même seulement les résumer toutes.

L'Angleterre n'a pas le même régime politique que la France, ou que la Belgique, ou que les Etats-Unis, ou que l'Allemagne nouvelle. Les droits politiques ne sont pas partout distribués de la même manière; il y a un suffrage plural en Angleterre, un autre différent en Belgique ; les femmes votent en Allemagne, dans les pays scandinaves, en Angleterre ; elles ne votent pas en France.

Si importantes qu'elles soient, ce ne sont que des modalités d'un principe qui est le même, partout triomphant, le principe de la République démocratique. Le monde entier a passé en moins d'un siècle et demi de la souveraineté monarchique de droit divin à la souveraineté nationale. Dans le lointain des âges, ce sera aux yeux de l'historien la grande Révolution politique du XIX° siècle.

Rappelons que les sociétés antiques, à Rome et à Athènes, étaient déjà d'essence démocratique et que nous pourrions donc encore y prendre des leçons.

Petites ou grandes, toutes ces nations libres sont également respectables. Toutes ont apporté ou peuvent apporter des contributions précieuses à l'œuvre de la civilisation universelle. Dans les temps qui viennent, on peut attendre des contributions capitales de la Chine, du Japon, de l'Amérique Latine, de la Russie même après la secousse sanglante de la Révolution bolchevique, de l'Allemagne aussi quelles que soient les formes où elle établisse son équilibre politique et social.

Là aussi, il y a une question d'éducation: comme les individus, pour être vraiment dignes de

la liberté, les nations doivent apprendre à se gouverner, c'est-à-dire à se discipliner, dans le cas
de leur valeur morale et de la solidarité internationale dont elles doivent accepter les devoirs
autant qu'apprécier les avantages.

La Paix de Versailles marquera une grande
date dans l'histoire pour avoir inscrit au préam-
bule de ses stipulations, territoriales ou autres, la
charte de la Société des Nations. L'humanité tout
entière sera reconnaissante au président Wilson
d'y avoir appliqué toute sa volonté. Ce n'est pas
que cette charte soit parfaite, mais elle est : il
y a une *Société des Nations*.

A vrai dire, le terme n'est pas le meilleur ; on
a justement dit que c'était une formule de
juristes ; on pourrait aussi remarquer que cela la
fait ressembler à des sociétés commerciales ou
industrielles. Nous aimerions beaucoup mieux :
« Fédération des Nations », au souvenir de notre
Fédération nationale de 1790 ; le mot comporte un
pacte d'alliance, un faisceau de volontés libres.
On y viendra sans doute, du moins à la chose,
sinon au mot.

La Charte de Versailles — car c'est à Versailles
qu'elle a été proclamée, comme la Déclaration des
droits de l'homme — a pour objet essentiel de
garantir l'existence et la liberté de toutes les
nations contre les entreprises de violence.

Elle expose les principes admis par les nations
contractantes : « Accepter certaines obligations de
ne pas recourir à la guerre. — Entretenir au
grand jour des relations internationales fondées
sur la justice et l'honneur. — Observer rigoureu-

sement les principes du droit international recon-
nus désormais comme règle de conduite effective
des gouvernements. — Faire régner la justice et
respecter scrupuleusement toutes les obligations
des traités. »

Tout Etat qui en fera la demande pourra être
admis dans la Société des Nations, sauf le con-
sentement des deux tiers de l'Assemblée Générale
et sauf des garanties effectives d'adhésion au
pacte.

La Société des Nations est représentée par une
Assemblée générale. Elle est administrée par un
Conseil, qui comprend les représentants des Etats-
Unis, de l'Angleterre, de la France, de l'Italie et
du Japon, et quatre représentants nommés par
l'Assemblée, actuellement ceux de la Belgique, du
Brésil, de l'Espagne et de la Grèce.

Ce Conseil a son Secrétaire-général à Genève.

La Société des Nations a pour programme la
réduction des armements au minimum, sur examen de la situation internationale de dix ans en
dix ans. Elle garantit l'intégrité territoriale et
l'indépendance politique de tous ses membres. Elle
déclare que toute guerre ou menace de guerre inté-
resse la Société entière ; donc tous ses membres
prennent l'engagement de se soumettre à l'arbitrage ; et il y aura une cour permanente d'arbitrage.

Il n'a pas été possible jusqu'ici de s'entendre
sur une force de police ou une armée internationale capable d'imposer les volontés de la Société :
on cherche les sanctions les plus efficaces à appliquer à toute nation qui troublerait la paix. Il
faudra trouver.

La Société se propose aussi de prendre des mesures sur les conditions du travail, sur le traitement « des populations indigènes » (la formule est singulière), sur le contrôle de la traite des femmes, sur le trafic de l'opium et « autres drogues » (il n'est pas question de l'alcool), sur le commerce des armes, sur la liberté des transactions (*sic*).

Il y a là des formules hésitantes : ce n'est pas le langage de notre Déclaration des droits. Le génie français trouvera les mots qu'il y faudrait. En attendant on y peut voir l'embryon d'un code de justice internationale, et surtout, ce qui est capital, l'affirmation de la solidarité de toutes les nations associées : un pas sérieux vers la Fédération des Nations.

L'ORGANISATION ÉCONOMIQUE DU MONDE

Mais la question fondamentale qui explique la situation actuelle du monde, qui explique la grande guerre, et s'est donc imposée à l'attention des négociateurs de la paix, c'est l'organisation économique du globe.

Depuis plus de cent ans, l'activité économique de l'univers est dominée par le machinisme et par la puissance grandissante de la science ; elle aménage de mieux en mieux son outillage industriel pour assurer une meilleure exploitation des richesses du sol et le soulagement de l'effort humain physique. « L'homme, dit M. Jean Izoulet, ne doit plus être que l'œil qui voit et le doigt qui dirige. » Cette révolution économique, d'ailleurs inachevée, est plus importante par ses conséquences que les révolutions nationales qui viennent de trouver une sorte de conclusion : c'est elle qui domine l'avenir.

Le collectivisme marxiste, appuyé sur l'Etat prussien, a voulu faire de l'humanité une machine dont la pensée directrice n'eût appartenu qu'à l'état-major de la science et de l'armée allemande. Son erreur criminelle lui a coûté cher ; elle ne pouvait pas être la solution du problème posé. Le collectivisme allemand était féodal, il faisait de l'homme une machine, donc un serf. Il tuait les individus, comme les nations, c'est-à-dire les initiatives et les émulations qui sont les forces les plus efficaces de production. Il était une injustice sociale, puisqu'il ne savait pas récompenser l'effort qui seul a une valeur morale.

La société actuelle, si imparfaite, d'ailleurs moins imparfaite à cet égard que la société féodale, et en continuelle évolution vers un plus juste équilibre, récompense déjà mieux l'effort et le mérite ; il y a un grand nombre de salariés qui sont devenus des producteurs : on calculait avant la guerre que 93 pour cent des « capitalistes » d'aujourd'hui sont d'anciens salariés. La vertu capitale de l'organisation sociale actuelle, c'est qu'elle inspire la passion du travail, sans doute aussi la passion du gain, mais de toute manière qu'elle est un puissant instrument de l'évolution.

C'est pourquoi, le traité de Versailles en a conservé et consolidé les fondations ; il comporte en sa dernière partie toute une charte de l'organisation du travail où il voit, avec raison, l'une des conditions profondes de la paix.

La Société des Nations, en cette matière, doit s'occuper des heures de travail, — du recrutement de la main-d'œuvre (ce mot demeure brutal, c'est l'homme-machine, l'homme-outil), — de la lutte contre le chômage, — de la garantie des salaires, — de la protection contre les maladies, — des pensions. — des libertés syndicales, — de l'enseignement professionnel et technique.

A ce point de vue, la Société des Nations est représentée par un Conseil de 24 membres : 12 délégués par les gouvernements, 6 par les associations de patrons, 6 par les associations d'ouvriers et d'employés. Le Bureau de ce Conseil et son Directeur sont pris au sein de la Société.

La charte de Versailles créait une Conférence générale internationale du Travail, qui s'est mise aussitôt à l'œuvre. Elle a tenu sa première réunion à Washington en octobre 1919 : elle y délibéra de la journée de huit heures, du chômage, du travail des femmes.

Il est difficile, par exemple pour la journée de huit heures, d'atteindre à une uniformité qui aurait force de loi ; les paysans sont obligés en certaines saisons de travailler beaucoup plus de huit heures, et il y a des ouvriers de toutes sortes, notamment les ouvriers intellectuels, qui veulent travailler jusqu'à la limite de leurs forces, estimant la vie trop courte pour tout ce qu'ils rêvent de faire. Néanmoins, la Société des Nations, en se fondant à Versailles, a pu proclamer les principes suivants : Le travail ne doit pas être considéré comme une marchandise ou un article de commerce. — Il faut assurer le droit d'association pour tous. — Le taux des salaires doit être assez élevé pour assurer un niveau de vie convenable. — Il faut travailler à l'adoption universelle de la journée de huit heures, — organiser le repos hebdomadaire, — supprimer le travail des enfants, — égaliser les salaires des deux sexes : à travail égal, salaire égal. « Les Hautes Parties Contractantes sont d'avis que ces principes, sans être complets. ni définitifs, répandront des bienfaits incalculables sur les salariés du monde entier. »

Il n'y a donc pas là une Déclaration de principes nouveaux, comme en celle de 1789 en matière politique. On y apporte seulement des correctifs à l'état social actuel ; il y est toujours question de salariat, il semble que le salariat soit intangible. On aurait pu sans doute amorcer le remplacement du salariat par l'association, poser le principe de la participation aux bénéfices, et celui plus fécond encore et qui se constitue sous nos yeux, de l'accord du capital et du travail, le capital d'ailleurs n'étant que du travail amassé pour un nouveau travail, et le travail n'étant que du capital en formation, dans le formidable tourbillon d'activité qui fait la grandeur morale des temps que nous vivons.

A chaque jour suffit sa peine, et pour le moment les jours qui se suivent ne se ressemblent guère : les imaginations les plus hardies peuvent nourrir des espérances. Car s'il ne s'est pas produit de révolution sociale dans les institutions, la grande guerre en a produit une dans les faits, c'est-à-dire dans l'équilibre général des fortunes. Laissons les profiteurs de guerre et les milliardaires américains : les hauts salaires ont égalisé en quelques années les conditions et le bien-être matériel.

Mais il ne s'agit toujours dans les ambitions humaines que de bien-être matériel, ou de mieux-être, de toujours mieux-être. C'est un fait que la société actuelle est à peu près toute épicurienne, et il n'apparaît pas qu'elle cherche le plaisir dans la pratique des plus hautes vertus.

Ce sera pour plus tard sans doute : à chaque jour suffit sa peine.

L'ÉVOLUTION DE L'HUMANITÉ — LA LOI DU TRAVAIL

Qu'on nous excuse si nous sortons ici un peu des faits ou des institutions pour essayer de les prolonger selon les lois de l'histoire.

L'humanité vient d'écraser, d'un puissant effort de volonté, la suprême tentative de l'esprit d'autorité représenté par le militarisme prussien. Elle met sa foi dans la liberté.

Les nations s'organisent dans la libre activité des citoyens égaux développée chaque jour par l'éducation et par l'émulation au travail.

L'humanité s'organise dans la libre activité des nations égales, développée chaque jour par l'éducation politique et sociale et par l'émulation au travail de l'exploitation du globe.

La loi du temps présent est dans l'effort, dans le travail.

Le travail est nécessaire à tous, individus ou

nations, et il est moralement supérieur à la mollesse sans horizon d'un paradis d'ailleurs inaccessible.

Le travail est nécessaire pour gagner, et pour être meilleur. Il donne une éducation, une direction morale, une noblesse, une haute dignité « à ceux que les dogmes théologiques ne satisfont plus ». Les dogmes sont utiles aux individus comme aux sociétés jeunes : ils leur assurent la discipline extérieure qu'il leur faut encore. Le travail, le travail sur soi-même, est la règle de la discipline intérieure, volontaire, qui convient aux adultes, individus ou nations.

La France, qui a conduit la guerre de la liberté à la victoire, héritière de la civilisation antique dont elle représente la plus magnifique renaissance, donne à l'humanité la grande leçon du travail, et le travail est la loi de toute son histoire, parce qu'il est la loi de son sol : travail du paysan, travail formidable surtout depuis son émancipation totale ; le paysan de France peut servir de modèle de travail à toutes les nations ; — travail de l'ouvrier : compromis, gâté par les théories malsaines venues d'Allemagne pour empoisonner le génie de notre race, le travail de l'ouvrier de France vaudra celui du paysan, puisqu'ils sont de même sang, et qu'ils ont le même instinct, la même conscience nationale ; — formidable travail de la nation à travers les vingt siècles de son histoire, travail plus ardent depuis cent ans parce que l'œuvre de l'organisation politique était rude ; travail plus ardent encore aujourd'hui, ruines de la guerre à réparer, France à guérir de ses effroyables blessures, globe à exploiter, à organiser.

La France, en pleine activité, va apporter des contributions décisives à l'évolution de l'humanité.

Surtout elle lui apporte la leçon du Travail.

Le travail était une peine quand il était forcé ; il est une joie sans égale quand il est libre. Il est une religion, il est la religion, il est l'enseignement de Jésus.

On a trop exclusivement demandé au christianisme la loi de la résignation pour les uns, de la charité pour les autres ; il faut lui demander la loi de l'effort et de la justice et la faire descendre du ciel sur la terre.

Le travail, même s'il ne donne pas la fortune ou le bien-être (ce qui est pourtant le cas normal), donne par lui-même aux individus et aux nations les plus hautes satisfactions morales, celles qui comptent, la joie de l'effort, la joie du résultat, de l'obstacle vaincu, la joie altruiste de servir la communauté, la joie du sacrifice, la joie de la discipline individuelle ou sociale, la joie de la vraie Liberté.

TABLE DES MATIÈRES

CHAPITRE PREMIER

Les enseignements historiques de la guerre

CHAPITRE II

Les Origines de l'unité française. La Gallia

CHAPITRE III

Le Moyen âge. Les petites patries

CHAPITRE IV

Le Royaume

CHAPITRE V

La Nation

CHAPITRE VI

Les Révolutions Nationales

CHAPITRE VII

L'Impérialisme allemand

CHAPITRE VIII

La Guerre

CHAPITRE IX

La Paix

CHAPITRE X

L'Ere Nouvelle

Société Française d'Imprimerie et de Publicité
Paris, 74, Rue Saussure (XVII')
Angers, 26-28, Boulevard du Château